Anwendungen der Psychotherapie

BIBLIOTHEK PSYCHOTHERAPIE
herausgegeben von Gernot Sonneck
Band 3

M. Hochgerner, T. Reinelt, C. Schnieder-Stein
W. Till, E.-M. Uher

Anwendungen
der Psychotherapie

FACULTAS UNIVERSITÄTSVERLAG

Die Deutsche Bibliothek – CIP-Einheitsaufnahme

Anwendungen der Psychotherapie / M. Hochgerner ... - Wien :
Facultas-Univ.-Verl., 1996
(Bibliothek Psychotherapie ; Bd. 3)
ISBN 3-85076-379-X
NE: Hochgerner, Markus; GT

Copyright © 1996 Facultas-Universitätsverlag, Berggasse 5, A-1090 Wien
Alle Rechte, insbesondere das Recht der Vervielfältigung
und der Verbreitung sowie der Übersetzung, sind vorbehalten
Satz und Druck: WUV-Universitätsverlag
Umschlaggestaltung: Graf+Zyx
Printed in Austria
ISBN 3-85076-379-X

Vorwort des Herausgebers

Psychotherapie in Österreich

> *„Es stellt wohl eine Welteinmaligkeit dar, daß die meisten
> der psychotherapeutischen Schulen wie deren Weiterent-
> wicklungen im alten Österreich entstanden sind"*
>
> O. Frischenschlager, 1994[1]

Ein Verstehen der Psychotherapieentwicklung in Österreich
bedingt auch eine Auseinandersetzung mit der wechselvollen
Geschichte der Psychotherapie, deren Anfänge weit in die Zeit
der alten Monarchie zurückreichen. Bereits vor mehr als 200
Jahren wirkte Anton Mesmer in Wien, der mit seiner Therapie
des „Animalischen Magnetismus" als Vorläufer der modernen
Psychotherapie gelten kann. Der entscheidende Durchbruch zu
einer systematisch- wissenschaftlichen Durchdringung der Psychotherapie gelang jedoch erst Sigmund Freud. Seine bahnbre-
chenden Arbeiten auf dem Gebiet der Psychoanalyse waren
Grundlage und Anstoß für die weitere Entwicklung und damit
Ausgangspunkt für die weltweite Verbreitung der Psychotherapie.

Noch vor dem ersten Weltkrieg entwickelten hier – aufbauend
auf den Ideen Sigmund Freuds – Alfred Adler die Individualpsychologie und der Schweizer Carl Gustav Jung die Analytische
Psychologie. Weitere wichtige Impulse für die Entwicklung gin-
gen von Jacob Moreno, dem Begründer des Psychodramas, von
Viktor E. Frankl, dem Begründer der Logotherapie und Existenz-
analyse, von dem aus Deutschland stammenden Johannes Hein-
rich Schultz und dem von ihm propagierten Autogenen Training
aus. Die Gründung von psychotherapeutischen und psychoana-

---

1 Frischenschlager, O. (Hrsg.). (1994). Wien, wo sonst? Wien-Köln-
Weimar: Böhlau.

lytischen Ambulatorien, Ehe- Familien- und Sexualberatungs-
stellen, von Schulen, Horten und Kindergärten, in denen Persönlichkeiten wie Alexandra Adler, August Aichhorn, Bruno
Bettelheim, Charlotte Bühler, Rudolf Ekstein, Erik H. Erikson,
Anna Freud, Carl Furtmüller, Eduard Hitschmann, Sophie
Lazarsfeld, Otto Rank, Wilhelm Reich, Theodor Reik, Oskar
Spiel, Richard Sterba und Erwin Wexberg wirkten, geben ein
Zeugnis dieser Entwicklung. „Da diese Pioniere der Psychotherapie aus den unterschiedlichsten Disziplinen und Arbeitsfeldern kamen, konnten sie ihre unterschiedlichen Vorerfahrungen
und Anregungen in die Psychotherapie einbringen. Umgekehrt
reflektierten sie die von ihnen erworbene psychotherapeutische
Kompetenz auf ihre ursprünglichen Arbeitsfelder wieder zurück. Dies hatte eine spürbare Verbesserung der psychosozialen
Versorgung zufolge und rückte Wien ins Zentrum der internationalen Aufmerksamkeit" (Kierein, Pritz & Sonneck, 1991[2]).
Diese aufstrebende Psychotherapieentwicklung wurde allerdings
gegen Ende der 30er Jahre durch Verfolgung und Vertreibung
fast vollständig zerschlagen. In der Zeit der Okkupation Österreichs durch das Deutsche Reich konnte die Pschotherapiebe-
wegung vor allem auf Grund der Bemühungen von August
Aichhorn, Oskar Spiel und Ferdinand Birnbaum überleben.
Nach dem Ende des zweiten Weltkriegs begann ein langer Weg
der Wiederbelebung und Regeneration, wobei erst nach und
nach die wesentlichsten im Ausland geschriebenen Werke der
vorher aus Österreich vertriebenen Psychotherapeuten rezipiert
wurden.
Erst im Verlauf der 70er Jahre nahm das allgemeine Interesse
für Psychotherapie erneut erheblich zu. Dies führte sowohl zu
einer Vielzahl neuer psychotherapeutischer Einrichtungen und
zur Entwicklung neuer Techniken und Verfahren wie z. B. der
Bifokalen Gruppentherapie nach Raoul Schindler oder der

---

2 Kierein, M., Pritz, A., Sonneck, G. (1991). Psychologengesetz – Psychotherapiegesetz. Kurzkommentar. Wien: Orac.

Krisenintervention (des Verfassers), aber auch zu inhaltlicher Ausweitung der Methoden. Insbesondere die klientenzentrierte Psychotherapie, die Gestalttherapie, die Verhaltenstherapie, die Familientherapie und das Psychodrama konnten sich ebenso innerhalb der Psychotherapie etablieren wie mit Beginn der 80er Jahre körperorientierte Ansätze, die Transaktionsanalyse, das Katathyme Bilderleben sowie erneut die analytische Psychologie nach Carl Gustav Jung, ebenso wie Paul Watzlawicks Beitrag die Weiterentwicklung der System- und Kommunikationstheorie förderte.

Nachdem sich die Universitäten erneut intensiv mit Fragen der Psychotherapie auseinandergesetzt hatten und die Psychotherapie damit Gegenstand der universitären Lehre und Forschung geworden war (Erich Pakesch, Hans Strotzka, Erwin Ringel, Walter Spiel), konnte sie sich nun endgültig im Kreis der wissenschaftlichen Disziplinen etablieren. In dieser Situation ging man mit Ende der 80er Jahre daran, die Ausbildung und Ausübung der Psychotherapie auch gesetzlich zu regeln, einerseits um den neuen Anforderungen im Gesundheitswesen gerecht zu werden und eine flächendeckende Versorgung zu gewährleisten, andererseits um Qualitätsstandards zu entwickeln, die als Grundlage einer Qualitätssicherung dienen können. So wurde ein Psychotherapiegesetz konzipiert und 1990 beschlossen, das die Befähigung und Berechtigung zur selbständigen Ausübung der Psychotherapie über eine umfassende und zielgerichtete Ausbildung definiert. Dabei ist der Ausbildungszugang insofern weitestgehend offengehalten, als alternativ drei Zugangsebenen eröffnet werden und zwar über die Absolvierung taxativ aufgezählter Studienabschlüsse, über den Abschluß bestimmter Berufsvorbildungen oder über die besondere Eignung. Gleichzeitig kann so das vorhandene Potential an Begabungen und vielfältigen Ressourcen für die psychotherapeutische Tätigkeit voll zur Entfaltung kommen.

Die Ausbildung gliedert sich in einen allgemeinen und einen besonderen Teil, der jeweils wieder einen theoretischen und einen praktischen Ausbildungsgang aufweist. Insgesamt umfaßt die Ausbildung dabei einen Mindestrahmen von mehr als 3000 Ausbildungsstunden. Dabei dient der allgemeine Teil (Propä-deutikum) der fachlichen Gleichstellung der aus den unter-schiedlichsten Arbeitsfeldern stammenden Gruppen und führt diese zu einer einheitlichen psychotherapeutischen Basiskompe-tenz, während die besondere Ausbildung (Fachspezifikum) der methodenspezifischen Psychotherapieausbildung im engeren Sinne dient.

Die Ausbildungseinrichtungen wurden definiert und ein Psycho-therapiebeirat, in dem sämtliche relevanten und anerkannten psychotherapeutischen Schulen und Richtungen vertreten sind, wurde am Gesundheitsministerium eingerichtet. Zur rechtlichen Klarstellung, dem Konsumentenschutz sowie zur Sicherung des Rechts des mündigen Patienten auf freie Wahl des Psycho-therapeuten wurde die Berufsbezeichnung Psychotherapeut geschützt. In engem Zusammenhang damit steht die ausdrückli-che Statuierung von Berufspflichten für Psychotherapeuten, die eine Behandlung gegen den Willen des Patienten ausschließen und eine umfassende Aufklärungspflicht, insbesondere aber eine strenge Verschwiegenheitspflicht ebenso garantieren wie eine optimale Form der Zusammenarbeit von Ärzten und Psychothe-rapeuten.

Auf der Basis dieses Gesetzes konnten in den letzten Jahren über 3000 Psychotherapeuten anerkannt werden, die im Österreichi-schen Bundesverband für Psychotherapie zusammengeschlossen sind.

All diese Regelungen und noch weitere im Rahmen der Sozial-versicherung und der Krankenanstalten führten zu einem Inno-vationsschub im Bereich der Psychotherapie und Österreichs Psychotherapeuten wieder in das Spitzenfeld psychotherapeuti-scher Forschung, Lehre und Patientenversorgung.

Als mir Anfang 1995 vom Facultas-Universitätsverlag angeboten wurde, die Herausgeberschaft für die „Bibliothek Psychotherapie" zu übernehmen, war mir sofort klar, daß es so ein Angebot vermutlich nur einmal im Leben gibt. Nach kurzer Bedenkzeit legte ich dem Verlag eine Struktur vor, die meine seit Generationen in meiner Familie ansässige pädagogische Obsession verrät: Es sollte eine Serie von handlichen Unterrichtsbehelfen werden, die es dem Interessierten ermöglicht, sich rasch zu orientieren, und die auch dem Unterrichtenden ein Gerüst in die Hand gibt, an das er sich halten kann oder auch nicht.

Diese Struktur habe ich bereits Ende der achtziger Jahre, als ich mich intensiv mit Entwürfen zu einem Psychotherapiegesetz beschäftigte, gemeinsam mit M. Kierein, A. Pritz, W. Datler, R. Hutterer, R. Schindler und Ch. Butschek entworfen, und diese fand bekanntlich auch Aufnahme im Psychotherapiegesetz. Es war daher naheliegend – und auch da war ich nicht der erste und einzige – entlang der Ausbildungslinien des Psychotherapiegesetzes Material zu sammeln, das von den Lehrenden im Verlauf der letzten Jahre zur Ausbildung erarbeitet wurde. Ein erster Rundbrief an alle Propädeutikumseinrichtungen brachte ein erstaunliches Echo, und bereits nach kurzer Zeit hatte ich die ersten Manuskripte auf meinem überfüllten Schreibtisch und so viele Zusagen von Autoren, daß die ersten sechs Bände, die inhaltlich die Theorie des Psychotherapeutischen Propädeutikums umfassen, komplett waren.

Vier Grundsätze hatten mich dabei geleitet:
1. Die Serie sollte möglichst rasch erscheinen,
2. sie sollte möglichst knapp gehalten sein (etwa 1 Seite pro Unterrichtsstunde),
3. was sich in der Praxis nicht bewähren wird, wird ausgewechselt und
4. Mut zur Unvollständigkeit.

Alle Autoren, die sich damit einverstanden erklären konnten, waren mir herzlich willkommen und die Tatsache, daß auch der

Verlag damit einverstanden war, ließ die Serie rasch anwachsen, sodaß ich derzeit bereits Manuskripte aus der zweiten Abteilung (Fachspezifikum) und sogar schon der dritten Abteilung (Methoden und Probleme der Psychotherapie) habe.

Es ist mir eine angenehme Pflicht, allen Autorinnen und Autoren zu danken, dem Verlag, allen voran Frau Dr. Sigrid Neulinger und Herrn Dr. Michael Huter für die gute Betreuung, aber auch meiner Familie, die mich mit kopfschüttelndem Verständnis immer wieder unterstützt, wenn ich mich auf neue zeitraubende Aufgaben einlasse. Meiner Tochter Karoline danke ich darüberhinaus für die kritische Durchsicht zahlreicher Manuskripte, wenn ich selbst deren xte Fassung nicht mehr sehen konnte. Jedoch erst die stete Bereitschaft der Sekretärinnen unseres Instituts, Andrea Ebermann, Regina Griesenhofer und Beatrix Pachner, alle zusätzliche Arbeit, die ich ihnen mache, auf sich zu nehmen, macht aus einer Idee ein Buch.

Von den Lesern erhoffe ich mir bereichernde Anmerkungen (vielleicht fühlt sich der eine oder andere auch ermutigt, mir ein Manuskript zu senden), und den Psychotherapeuten in Ausbildung wünsche ich, daß sie ihren zukünftigen Beruf ebenso interessant und bereichernd erleben, wie ich selbst noch nach einem Vierteljahrhundert.

Landau, 14. August 1995   G. Sonneck

Inhaltsverzeichnis

Krisenintervention – eine psychosoziale Interventionsform
(Schnieder-Stein, Till)

*Heilpädagogik und Rehabilitation: Menschliche Entwicklung
und soziale Integration* (Reinelt)

Psychosoziale Aspekte der Rehabilitation (Uher)

Psychosoziale Interventionsformen

M. Hochgerner

1. Grundkategorien psychosozialer Interventionsformen

1.1 Anmerkungen zur Begrifflichkeit: „psycho-sozial" und „Intervention"

Gesundheits- und Sozialdienste werden im großen Ausmaß mit Menschen konfrontiert, die durch schwerwiegendes psychisches Leid in Verknüpfung mit sozialer Not (Wohnungs-/Finanz-/Arbeitsprobleme) ihre Probleme vervielfachen und die daraus resultierenden Leidenszustände und Aufgabenstellungen nicht mehr bewältigen können.

Einzelne Helfer oder spezialisierte Versorgungseinrichtungen sind für sich oft nicht in der Lage, entsprechende Behandlungskonzepte und Versorgungsangebote zu entwickeln und anzubieten, ohne die umschriebenen Grenzen ihres Berufsstandes zu erweitern und vernetzt mit anderen Helfern und Institutionen zu arbeiten. Hier bedarf es umfassender psychosozialer Intervention, im Sinne einer „Wissenschaft von Not und Hilfe" (Arlt, 1958) und meist bifokalem Vorgehen (Rauchfleisch, 1966, S. 8) in der gleichzeitigen Bearbeitung innerseelischer und sozialer Konflikte. Schon der Begriff „psycho-sozial" verweist auf den Doppelcharakter dieses Beitrages: Sowohl die Dimension des Individuums im „*Psychischen*" als auch die Eingebundenheit in der konkreten „*sozialen*" Lebenswelt und sich daraus ergebende Wechselwirkungen stehen hier zur Diskussion, besonders wenn es darum geht, in dieses Wechselspiel aus individuellem Verhalten, Gruppenverhalten und Verhalten der Gesellschaft mit Hilfe von „*Interventionen*" einzugreifen: Dies meint „alle beruflichen Handlungen, mit denen wir das Verhalten eines anderen Menschen (bzw. einer Gruppe oder Organisation) nach einem bestimmten Konzept beeinflussen oder leiten" (Fatzer, 1990, S. 36). Die „*Formen*" dieser Interventionen müssen in ihrem Konzept, ihrer Vorgangsweise und Zielbestimmung kompetent gestaltet, reflektiert und legitimiert werden, sich an der jeweils besonderen Problemlage orientieren und sind ihrerseits wieder den jeweiligen gesellschaftlichen Bedingungen (Geld, Zeit etc.) unterworfen.

Psychosoziale Interventionsformen müssen somit auf dem aktuellen gesellschaftlichen Hintergrund in ihrer *ökonomischen Dimension* erfaßt und einer *anthropologischen Sicht* des Menschen gegenüber gestellt werden: Welche Bedingungen, Möglichkeiten, Grenzen bestimmen menschliches Leben in einer europäischen Industriegesellschaft Ende des 20. Jahrhunderts in förderlicher oder hemmender Weise? Wann und in welcher Weise gilt es, „intervenierend" einzugreifen? Welchen Personengruppen oder Individuen können solche Hilfestellungen nützlich sein und woran ist dieser Nutzen zu messen? Wie kann psychosoziale Intervention gestaltet und organisiert werden?

Erst mit der Benennung einer *psychosozialen Diagnostik* auf dem Hintergrund eines umfassenden *Gesundheits-/Krankheitsverständnisses* können *psychosoziale Vorgehensweisen* und *Anwendungsbereiche* benannt und reflektiert werden.

1.2 Der gesellschaftlich-ökonomische Kontext

Der Aufbruch in die moderne Gesellschaft wurde durch die Revolution der Grundwerte zur Organisation des Individuums und der Gesellschaft geprägt: „Freiheit, Gleichheit, Brüderlichkeit!" der bürgerlichen Revolution rücken *das Individuum, sein Recht auf Selbstgestaltung und egalitäre soziale Organisation* in das Zentrum der geschichtlichen Entwicklung. Ein rational-naturwissenschaftliches Denkmodell ermöglicht die Entwicklung moderner Wissenschaft und deren Anwendung auf Mensch und Umwelt. Als Antwort auf die *Industrialisierung* im Kapitalismus und Auflösung alter sozialer Zusammenhänge entwikkeln sich im Kampf um soziale Gerechtigkeit allmählich die Grundkonstanten des *Sozial- und Wohlfahrtsstaates* (Kranken-/ Unfall-/Pensionsversicherung, Regelung der Arbeitszeit, etc.). Mit der Organisation in Interessensvertretungen (Parteien/Kammern/Gewerkschaften ...) wird Selbstbestimmung im Rahmen eines demokratisch organisierten Staatswesens in den letzten Jahrzehnten dieses Jahrhunderts möglicher. Aufbauend auf dem ungeheuren Wohlstand unserer westlichen Industriegesellschaft, kann das Individuum vermehrt in seinen Konsum- und Gestaltungsmöglichkeiten aus der physischen Abhängigkeit in seiner Umwelt entlassen werden. Die *Humanisierung der Arbeits- und Beziehungswelt* konnte sich, bei aller Kritik, gut entfalten: *Staatliche Organisationen* übernahmen soziale Aufgaben für die Bürger im medizinischen, sozialen und psychischen Bereich zur Bewältigung der Lebensaufgaben im jeweiligen Lebenskontext – von der Wiege (Schwangeren-, Mutter-, Familienberatung, Geburtengeld, ...) bis zur Bahre (Altersversorgung, Besuchsdienste, Altersheime ...). Komplementär oder ergänzend entwickelte sich neben der bundes-, länder- oder kommunalverwaltungsanhängigen sozialstaatlichen Organisation ein *komplementärer Sozialdienst* durch insbesondere kirchliche und private Träger, die psycho-soziale Aufgaben übernahmen (etwa Familienberatungsstellen der Caritas, Vereine zur Betreuung psychisch Kranker, z. B. „Lebenshilfe", das von Österreich ausgehende Modell der „SOS-Kinderdörfer" oder die ebenso konsequente und erfolgreich institutionalisierte „Bewährungshilfe" für Straffällige). Dieses Modell gesellschaftlicher Verwaltung von Reichtum, besonders in den 60er und 70er Jahren – am deutlichsten im *sozialreformerischen* schwedischen *Wohlfahrtsmodell* ausgeprägt – gilt heute als nicht mehr aktuell, wird vielmehr kritisch auf dem Boden eines aufkeimenden *Neo-Konservatismus* als unsozial, letztlich gesellschafts-(wirtschafts)schädigend reflektiert und verkürzt in der derzeit modernen „Sozialschmarotzerdebatte" abgehandelt. Doch die Vorwürfe gegen einen überzogen erscheinenden Sozialstaat können nicht einfach abgetan werden: Die Kritik von konservativer Seite trifft auf ein verstärktes Bewußtsein in *ökologisch-progressiven Bewegungen* um die globalen Zusammenhänge und Folgekosten unserer kapitalistischen Wirtschaftsorganisation (z. B.: Anti-AKW-Bewegung). Die Vernetzung der Wirtschaft und die Ausbeutung der Dritten Welt zu unseren Gunsten zeigt die Grenzen der Vermehrung gesellschaftlichen Reichtums, wenn wir die humanen Maßstäbe im Umgang mit Arbeit und Natur auf alle Menschen dieser Erde anwenden. Die Rezession der Wirtschaft in den letzten 10 Jahren hat Folgewirkung in unserem Sozialsystem: Das Ende der Vollbeschäftigung (Thema: 2/3-Gesellschaft) kippt Menschen aus ihrem sozial-ökonomischen Lebenszusammenhang, die sozialen Ungleichheiten (Einkommensunterschiede etc.) nehmen erneut zu. Damit geht zugleich auch ein Verlust des Glaubens in die staatlichen Systeme einher, die sozio-ökonomischen Probleme rational lösen zu können. Soziale, parteipolitische und spirituelle Wertsysteme haben nicht mehr den bindenden Charakter wie noch vor 20 Jahren – wir sprechen von einer Atomisierung des Individuums in einer Ideologie der Beliebigkeit, des Hedonismus. Zugleich werden die negativen Auswirkungen der staatlichen Bürokratie – auch im Sozialbereich – deutlich: Etwa an der Debatte um die staatliche Arbeitsmarktverwaltung zeigen sich die Kritikpunkte: Ineffizienz, Kostenexplosion der Verwaltung, Verhinderung von Selbstorganisation, inflationäre Ansprüche, mangelndes Vertrauen in die Problemlösungsfähigkeit der Experten.

Auf dem Hintergrund vermehrt drohender Verteilungskämpfe unter gleichzeitiger Zurücknahme staatlicher Unterstützungen droht der Verlust gesellschaftlicher, sozialer und psychischer Sicherheit und damit eine Zunahme psychosozial ungünstiger Formen der Realitätsbewältigung: Steigerung der aggressiven, entsolidarisierenden Verkehrsformen in der Sozial- und Arbeitswelt (Stigmatisierung, etwa „Mobbing" im Betrieb, …), Vermehrung von Angst und Streßpotentialen (drohender oder phantasierter Verlust von Arbeit/Status, ...), isolationistische Verkehrsformen im z. B. sozial abgeschotteten Single-Dasein (Juppi-Phänomen der 80er Jahre) oder die vermehrte Anfälligkeit für Irrealismen in der Politik (Schuldzuweisungen als Problemlösungsangebot, z. B. „Die Ausländer sind schuld, daß ..."") und im Glaubensbereich das Phänomen der zunehmenden Attraktivität von Sekten.

In diesem Licht erscheint die sozialstaatliche Organisation in einer „postmodernen" Industriegesellschaft auch zunehmend in Frage gestellt: Psychosoziale Projekte und Bedürfnisse werden lediglich unter dem Aspekt der Kosten und der gesellschaftlichen Verwertbarkeit betrachtet, Strategien zur Verbesserung der Lebensqualität mit nachhaltiger Wirksamkeit reduziert auf möglichst sofortige, kurzfristig sichtbare Erfolge (etwa das drohende Ende der Therapie für psychisch abnorme Rechtsbrecher in Österreich oder die Verhinderung einer verbesserten Versorgung psychisch Kranker in Österreich). Psychosozialen Hilfen droht dabei, als einfache „Dienstleistungen" bewertet zu werden, deren Rentabilität nicht erkennbar scheint (z. B. Verbesserung der Lebensqualität für Randgruppen) und deren Zielgruppen sich nicht oder nur schwer gesellschaftlich relevant bemerkbar machen können (als Ausnahme seien hier die Rollstuhlfahrer genannt, die die Benutzbarkeit öffentlicher Einrichtungen fordern und durchsetzen, um aus sozialer Isolation zu entkommen).

Psychosoziale Interventionen sind in jeder Phase – von der Bedarfserhebung über Planung, Organisation der Umsetzung und Evaluierung des Prozesses – in die skizzierten Zusammenhänge gestellt. Die Sicht der Helfer aber auch der Betroffenen in der Wahrnehmung ihrerselbst und der Umwelt wird erst im Kontext der sozialen und historischen Zeit verstehbar – als Ausgangspunkt zur Bedarfsanalyse und zu situationsadäquatem Handeln.

1.3 Der anthropologische Kontext

1.3.1 Person-Umwelt Korrespondenz

Menschliches Leben entfaltet sich in andauerndem Wechselspiel zwischen individuellem Erleben und Verhalten in Wechselwirkung mit der umgebenden Welt in Kontakt mit Menschen und Dingen.

Der Mensch wird als psychologische und soziale Frühgeburt zur Welt gebracht (Portmann, 1969) der sich selbst, seiner Umwelt und der umgebenden Natur vorerst ohnmächtig ausgeliefert ist. Über viele Jahre, in der langen Zeit bis zum „erwachsenen" Leben ist der Mensch physisch und psychisch von einer „hinreichend guten Umgebung", besonders von hinreichend guten Beziehungspartnern („Good enough mother"; Winnicott, 1968) abhängig, um sich aus der Abhängigkeit hin zur Autonomie des eigenen Lebens im Finden individueller Verhaltensweisen und Ziele zu entwickeln. Der Umgang mit der Welt ist entscheidend davon geprägt, wie die Verhaltensanforderungen der umgebenden Welt in der „Übernahme von Verhaltensmustern bzw. sozialen Rollen durch das Individuum" (Fürstenberg, 1978, S. 25) erfüllt werden. Dieser Prozeß der *Sozialisation* setzt sich im Laufe des gesamten Lebens fort. Immer wieder wechseln die gestellten Anforderungen und Aufgaben mit dem erreichten individuellen Alter, eingebettet im jeweiligen sozialen Kontext und der jeweiligen historisch bedingten Zeitströmung. Diese „Entwicklung in der Lebensspanne" (Rahm et al., 1993, S. 183) ist andererseits geprägt durch den „Prozeß der Übernahme und Verinnerlichung kultureller Werte durch das Individuum" (Fürstenberg, 1978, S. 27), der als *Enkulturation* bezeichnet wird. Sozial vermittelte Werte und Verhaltensmuster werden so zum fixen Bestandteil des Eigenerlebens der Person und prägen den Umgang mit der Welt. Das Verhalten des Menschen ist jedoch nicht allein auf die enkulturierten Verhaltensmuster rückführbar. S. Freud zeigt uns den *Menschen als triebgesteuertes Wesen*, das auch seinen Affekten ausgesetzt ist (Freud, 1930) und die

Summe der erlernten Interaktionsmuster, die im Laufe der Entwicklung als kognitive Strukturen „assimiliert" (Piaget, 1992, S. 136 ff.) werden, führen zu immer neuen und individuellen Anpassungen an Realitäten im Sinne der ebenso von Piaget benannten „Akkomodation". Somit ist die Chance des Individuums in der Überwindung seiner Mangelausstattung durch seine Orientierung am „Leistungsprinzip" (Weizsäcker, 1940, S. 9) zu finden: Je mehr es dem Einzelwesen gelingt, auf Anforderungen seiner Umwelt und im Hinblick auf eigene Wunsch-/Zielvorstellungen kompetente, situationsadäquate Handlungsstrategien auf der Basis differenzierter Selbst- und Fremdwahrnehmung zu entwickeln, desto eher wird er die von sich oder seiner Umwelt geforderte Handlungs„leistung" erfüllend, stärkend realisieren. Je weniger dies gelingt, desto weniger befriedigend wird das Ergebnis seiner Bemühungen ausfallen.

1.3.2 Gelingende/mißlingende Interaktion

Dies soll folgendes Schema nach J. Willi (Willi, 1989), Weizsäcker (Weizsäcker, 1940) und eigenen Überlegungen (Hochgerner, 1995) folgend, darstellen:

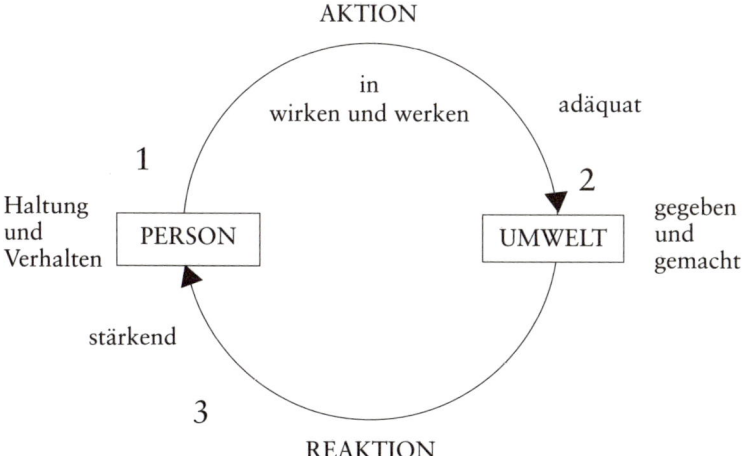

Abb. 1: *Gelingende Person-Umwelt Interaktion*

Die einzelne Person mit ihrer inneren Haltung und sichtbarem Verhalten (1) trifft mit ihrem Wirken und mit ihren Werken auf die Umwelt (2), die einerseits gegeben, andererseits mitgestaltet ist. Ist dieses Verhalten situativ angepaßt im Sinne einer kompetenten Beziehungsgestaltung zur Umwelt, so wird die Reaktion der Umwelt (3) letztlich die handelnde Person bestärken und damit auf den Selbstwert förderlich wirken. Ebenso ist die umgekehrte Ausgangssituation möglich: Die Umwelt setzt einen Impuls Richtung Person, der situationsadäquat aufgegriffen und beantwortet wird. Dies wirkt sich ebenso förderlich, Ich-stärkend aus.

Pfeile im Kreismodell in Abbildung 1 zeigen die andauernde Bewegtheit, sowohl des Individuums als auch der umgebenden Welt in permanenter Evolution, Entwicklung. Dieses ineinandergreifende Wechselspiel bei gleichzeitiger jeweils eigener Entwicklung wird von J. Willi als *„Co-Evolutives Entwicklungsmodell"* bezeichnet.

Wie nun, wenn diese Interaktion mißlingt?

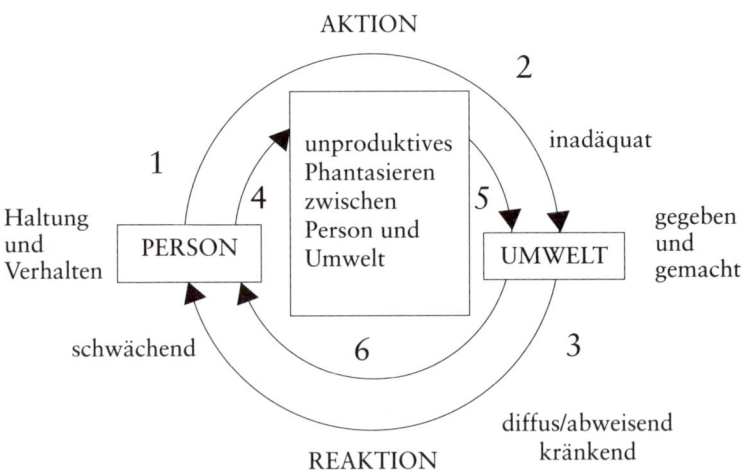

Abb. 2: *Mißlingende Person-Umwelt Interaktion*

Kann der Einzelne in seiner Haltung und seinem Verhalten (1) seine Umwelt nur inadäquat mit seinem Wirken und seinen Leistungen (Werken) erreichen (2), wird die Umwelt diffus, abweisend oder feindselig reagieren (3). Hier erfolgt eine den Selbstwert letztlich schwächende Reaktion, die die innere Welt nicht bestätigend, sondern schwächend, kränkend, verletzend oder gar traumatisierend erreicht. Hier, im darauf folgenden, erneuten Hinwenden zur Außenwelt (4), konstatiert Willi ein Abweichen des Kontaktverhaltens (das im gesunden Kreislauf der Welt zufließt) in ein *unproduktives Phantasieren*, das den Kontakt zur Welt schwächt, schmälert und den krankmachenden Kreislauf erneut und verstärkt in Gang setzen kann (5). Siehe dazu auch Kap. 1.4.3.

Das Mißlingen der Interaktion darf jedoch keinesfalls ausschließlich an der Einzelperson festgemacht werden – dies würde eine unzulässige Individualisierung der Problematik bedeuten. Ebenso ist es möglich, daß bei Überschreiten der *Sozialisierungsgrenzen* plötzlich Verhaltensnormen, die ursprünglich situationsadäquat waren, nicht mehr zum gewünschten Ergebnis führen, sondern kontraproduktiv werden (z. B. Umgang von Unterschichtklienten auf Ämtern mit schriftlichen Eingaben, etc.). Dies gilt auch für Phänomene der *Migration*: Kulturelle Verhaltensmuster der einen Gesellschaft werden bei Übergang in eine andere Kultur ablehnend bis feindselig interpretiert (z. B. Streitkultur einer türkischen Familie neben einer österreichischen im selben Wohnhaus). Ebenso beim *Verlust der sozialen Identität*: Verlust der Arbeit, Tod eines Familienmitgliedes oder Schicksalsschläge im weiteren Sinn können den Verlust des leiblichen, sozialen, psychischen Lebenszusammenhanges bedeuten. Die bisher gewohnte Welt und der damit entwickelte Umgang „stimmt" nicht mehr: Man denke hier an die Tragödie im ehemaligen Jugoslawien: Umwertung der Identitäten anhand ethnischer Zuordnung, Vertreibung, körperliche/soziale/psychische Traumatisierungen.

Entscheidend für den Umgang mit sich und der Welt wird sein, wie aus förderlichen aber auch kränkenden Situationen für die zukünftigen Anforderungen gelernt werden kann, welche Ressourcen zur Bewältigung von Hindernissen aktiviert werden können und ob in der Situation somit eine letztlich positive Bewältigung, Wachsen an der Situation möglich wird oder Scheitern mit Resignation und unbewältigten Konfliktpotentialen resultiert. J. Willi benennt hier als Ziel, die Einzelperson oder betreffende Gruppen erneut in ein *„beantwortetes Wirken"* zu ihrer Umwelt zu führen und damit förderliche Interaktion zu erzielen.

1.4 Gesundheit und Krankheit

1.4.1 Ein erweiterter Begriffsrahmen zu „Gesund/Krank"

„Nach der Definition der Weltgesundheitsorganisation (WHO) ist Gesundheit ein Zustand vollkommenen körperlichen, geistigen und sozialen Wohlbefindens und nicht allein das Fehlen von Krankheiten und Gebrechen" (Brockhaus, 1993, S. 358). Diese sehr weite Definition trägt dem Menschen in seiner bio-psycho-sozialen Ganzheit offenkundig Rechnung und geht über die biologisch-naturwissenschaftliche Einengung auf Gesundheit als „das ‚normale' Befinden, Aussehen und Verhalten, sowie das Fehlen von der Norm abweichender ärztlicher Befunde" hinaus (S. 358). Auch das Österreichische Psychotherapiegesetz schließt sich der weiten WHO-Definition an. *„Gesundheit* nach diesem Verständnis sieht den Menschen in seiner umfassenden Lebenssituation samt den damit verbundenen *psychosozialen Faktoren"* (Kierein, Pritz & Sonneck, 1991, S. 113, Hervorhebung M. H.). Ebenso meint *Krankheit* mehr als „Störungen im Ablauf der normalen Lebensvorgänge in Organen und Organsystemen durch einen Reiz, der zu einer von der Norm abweichenden ... Beeinträchtigung der physischen Funktion und/oder der psychischen Befindlichkeit ... im Extremfall bis zum Tod führt" (Brockhaus, 1993, S. 224).

Als *Krank im psychosozialen Sinn* können z. B. Phänomene wie chronische Verschuldung von Privathaushalten (Stichwort:

Schuldnerberatung), Akte von Vandalismus und neuen Formen der Bandenkriminalität Jugendlicher auf dem Hintergrund verslummender Stadtviertel etwa in städtischen Randzonen beschrieben werden, in denen keine sinnvollen Lebenszusammenhänge/Sozietäten mehr hergestellt werden können; ebenso die Vereinsamung nicht nur alter Menschen ohne tragfähige soziale Bezüge, die Folgewirkung chronifizierter Arbeitslosigkeit, die Ausgrenzung psychisch labiler, unangepaßter Menschen (auch ohne psychiatrische Diagnose). Auch das Schlagwort unserer „kranken" Umwelt verweist auf ein zunehmendes Bewußtsein über die existenzielle Wechselwirkung des Individuums zur Umwelt in seiner Abhängigkeit von der Biosphäre.

In den genannten Beispielen sind *zentrale Dimensionen des Menschen in unserer Gesellschaft* angesprochen: Materielle Ressourcen, die Sinnhaftigkeit der Lebenszusammenhänge, die sozialen Bezüge, die Arbeit als zentraler Faktor der persönlichen und gesellschaftlichen Identität, körperliche und psychische Stabilität. In diesem *erweiterten Krankheitsbegriff* erscheinen die Ausdrucksformen von Erkrankung im engeren Sinn (körperliches Leiden/neurotische Störungen) lediglich als eine Spielart von Krankheit. Dies meint auch S. Mentzos, wenn er schreibt: "Der häufigste Modus der Lösung des pathogen gewordenen Konfliktes ist wahrscheinlich weder der psychoneurotische noch der psychosomatische, sondern der psycho-soziale, d. h. das psychosoziale Arrangement, die interpersonelle und institutionalisierte Abwehr" (Mentzos, 1988, S. 297).

1.4.2 Das Leben als Abfolge von Entwicklungsaufgaben

Das menschliche Leben läßt sich als eine Folge von *Entwicklungsaufgaben* (Oerter, 1987) im *phasenhaften Aufbau* und Verlauf des Lebens im Miteinander von physischer Reife, kulturellen Anforderungen und den in diesem Prozeß entstehenden individuellen Zielsetzungen" (Rahm et al., 1993, S. 185 f.) beschreiben. Insbesonders E. Erikson (Erikson, 1950) beschreibt aus tiefenpsychologischer Sicht den Lebensbogen von der Geburt bis zum Tod als sich immer weiter differenzierende Person-Umwelt-korrespondenz: Geht es zu Beginn des Lebens als *Säugling* um die Erfahrung des *Urvertrauens*, um die Herstellung von erster *Autonomie als Kleinkind* und um die Entwicklung kindlicher kraftvoller *Initiative* für die *ersten sechs Lebensjahre*, so wird in der Folge in der *Latenzzeit Leistungsfähigkeit* und danach in der *Pubertät* das Finden der eigenen *Identität* zentral. (Hier sei auf die Darstellung M. Hexels in Bd. 2 dieser Buchreihe hingewiesen!) Der Weg geht somit über die Konstitution des Selbstgefühls und des Erlebens der Identität über die eigene Familie hinaus (Kindergarten, Schule) und hin zur Entwicklung erster eigener Lebenswelten in der Pubertät. Männliche und weibliche Rollenidentität, emotionale Zuwendung zu Gleichaltrigen, Aufbau einer eigenen Wertehierarchie und erste Zukunftsentwürfe in der Abgrenzung zu den familiären Bezugspersonen kennzeichnen diese Lebensphase bis etwa zum 18. Lebensjahr.

Erikson benennt als Entwicklungsaufgabe der *frühen Erwachsenenzeit* das Herstellen von *Intimität*; Partnerschaften erleben, eigenfamiliäre Aufgaben übernehmen, Aufbau beruflicher Karriere, Positionierung im sozialen Gefüge, stehen im Zentrum dieser Zeit. In der nun längeren Phase der *reifen Erwachsenenzeit* steht die *zeugende Fähigkeit* im Vordergrund. Dies meint nicht lediglich im biologischen Sinn, sondern auch in der sozialen und im weitesten sinnstiftenden Vorgängen. Das Zeitalter der *Reife*, etwa um das 50. Lebensjahr, ist die Phase der Sicherheit im gesellschaftlichen und sozialen Gefüge und der Integration des eigenen Lebens in größere Sinnzusammenhänge, im Sinne Eriksons die Phase der *Integrität*. Im beginnenden Alter erfolgt die Umorientierung der Lebensperspektive hin auf *Sinnhaftigkeit* jenseits der täglichen sozialen Eingebundenheit in Familie, Arbeit etc. Diese idealtypische Skizzierung einer Lebenskarriere deutet die ungeheure Vielfalt des Lebens in verschiedenen Lebensphasen an. Zentral erscheinen die Kategorien der *Veränderung, Entwicklung* und *Reifung* im Lebensprozeß: Jeder Lebensabschnitt hat Aufforderungscharakter, verlangt

Handlung, Entscheidung und den Umgang mit den daraus folgenden Konsequenzen. Die Veränderungen in den *Übergängen* zwischen den einzelnen Phasen des Lebens bringen eine Umstimmung aller identitätsstiftenden Elemente des Individuums mit sich.

Diese *Säulen der Identität*, von H. Petzold (Petzold, 1993, S. 597; Rahm et al., 1993, S. 155, S. 465) benannt, konstituieren die Person in der Welt:

„*Leiblichkeit* (z. B. bin ich ein gesunder oder anfälliger Mensch, bin ich schön oder häßlich, wie gut fühle ich mich in meinem Körper, oder wie lebendig fühle ich mich? Wie sicher fühle ich mich als Mann oder Frau?)

Soziales Netzwerk (bin ich ein sozialer Typ oder eher ein Einzelgänger? Habe ich genügend FreundInnen oder fühle ich mich einsam? Wie gut erreichbar sind die mir nahestehenden Menschen, räumlich und zeitlich? Wie gut sind meine Kontakte zu Männern und zu Frauen?)

Arbeit und Leistung (z. B. bin ich das geworden, was ich wollte? Macht mir meine Arbeit Freude? Wie leistungsfähig fühle ich mich insgesamt? Wieviel Sicherheit und Unsicherheit gewinne ich durch Leistung?)

Materielle Sicherheit (z. B. die finanzielle Situation, die Wohnsituation, Zukunftsperspektiven)

Bereich der *Werte* („Wie will ich sein, wofür stehe ich ein, woran glaube ich?")

Um die Wertigkeit dieser Identitätsbereiche abschätzen zu können, muß man natürlich ihre Entwicklung im Lebenslauf und ihre Bedeutung in der gegenwärtigen Situation mitbetrachten ...

Für die meisten Menschen ist Identität in den verschiedenen Bereichen unterschiedlich sicher. Sie ist vielleicht in einem Bereich klar und stabil und in einem anderen unsicher und diffus. Beispielsweise kann jemand im beruflichen und öffentlichen Bereich wissen, wer er ist, welche Rolle er spielt, was und wen er schätzt und was und wen nicht, hingegen können seine Beziehungen im privaten Bereich eher locker und dürftig sein.

Wenn uns diese „Säulen der Identität" im (sinngemäß psychosozialen, M. H.) Prozeß präsent sind, entwickeln wir einen schär-
feren Blick dafür, wo es in der Identitätsentwicklung zu Störungen und Brüchen gekommen ist, aber auch dafür, wo es stabile,
sichere Bereiche gibt, auf die wir zurückgreifen, auf die die KlientIn sich verlassen kann" (Rahm, et al., 1993).

1.4.3 Der psychosozial gestörte Mensch: Ursachen und Reaktionsformen

Psychosozial gestörte Menschen sind besonders dadurch gekennzeichnet, daß sie „unter gravierenden psychischen Störungen leiden und außerdem mit massiven sozialen Schwierigkeiten
kämpfen" (Rauchfleisch, 1996, S. 8). Die persönliche, psychische Problematik verknüpft sich in unheilvoller Weise mit der
sozialen Problematik des nicht bewältigbaren Lebens in den
oben (1.4.2) genannten fünf Identitätsbereichen. Vielmehr zeigt
sich in der Psychodynamik dieser Klienten, daß die soziale Realität und das gewählte Sozialverhalten oft in erschreckender
Weise die innere Dynamik des Klienten abbildet, damit verdop-
pelt und zu einem unheilvollen Rückkoppelungseffekt auf das
psychische Erleben führt, indem der Betroffene seine innere
Befindlichkeit in der Außenwelt als „handelnde Darstellung"
seiner „inneren Konflikte in der sozialen Realität" (Rauchfleisch, 1996, S. 9) reinszeniert:
Betrachten wir zuerst die *persönliche Entwicklungsgeschichte*
unseres Klientels, so sind wir überdurchschnittlich oft mit einer
Summation schwerer, real erlebter früher Traumatisierungen
konfrontiert, die schon in der Dicke der eventuell vorliegenden
amtlichen Dokumentationen (Jugendamt/Psychiatrie/Strafvoll-
zug) sichtbar wird:
Frühe Verlusterlebnisse wichtiger Bezugspersonen ohne Kompensation, Beziehungsbrüche und ein immer wiederkehrender
Grundtenor von versagenden Müttern und gewalttätigen Vä-
tern – eine über lange Lebensphasen reichende Instabilität der
sozialen Netze mit mangelnder Möglichkeit der Verarbeitung in

einer sicheren, erwartbaren Umgebung und alle denkbaren Formen dieses Erlebens mit Symptomen wie: Alkohol, Depression als bestimmende Elemente der Kinder- und Jugendwelt, Lieblosigkeit und Übergriffe im körperlichen und sozialen Bereich in einer Welt, die mißachtend, entwertend ist und die Ressourcen des Heranwachsenden nicht würdigt oder gar fördert.

Die daraus folgende *psychische Entwicklung* bildet in der inneren Welt diese erlebte Beziehungswelt ab: Die Ich-Stärke der Betroffenen ist nicht genügend ausgebildet, d. h. unsere Klienten sind nicht genügend in der Lage, Anforderungen der Umwelt aber auch Anforderungen im eigenen Gefühlshaushalt adäquat zu verarbeiten und stehen somit sich selbst aber auch der Welt oft schutzlos gegenüber. Sie sind besonders auf Bestätigung von Außen angewiesen, reagieren überschießend auf Enttäuschungen mit Wut und Haß, es mangelt an realistischer Selbst- und Fremdeinschätzung. Alle diese Umgangsformen weisen auf frühe Störungsanteile hin, die in der Verarbeitung früher negativer Einflüsse entsteht. Die Klienten sind in sehr frühen Mechanismen zur Bewältigung ihrer Affekte verhaftet und neigen extrem zu Spaltung (gute-böse Welt und Menschen), Idealisierung, rasch umschlagend zu Entwertung und neigen vermehrt zu Projektion – dem durch Wahrnehmungsverzerrung erzeugten Eindruck – im Gegenüber (der Umwelt, einzelnen Menschen, aber auch Institutionen) die eigenen, unbewußten Affekte zu erleben: Menschen, die sich wie hier extrem selbst entwerten, kritische bis sadistische innere Anteile haben, erleben nun in der Außenwelt Aspekte, die sie vermuten lassen, mit Ihnen würde so umgegangen, wie sie selbst (unbewußt) mit sich umgehen. Oftmals provozieren sie die Umgebung auch zu solchen Reaktionen (etwa Ablehnung in der Familie, am Arbeitsplatz, auf Ämtern, etc.) oder nehmen real feindselige Impulse selektiv und verstärkt wahr. Letztlich sind wir mit einem Menschen konfrontiert, der in seinem Leben die oben beschriebenen Veränderungen, Entwicklungen und altersbedingten Reifungsschritte nur partiell erleben/bewältigen konnte und somit wenig entwickelt, differenziert im Selbst- und Fremderleben bleibt. Dies muß keinesfalls als primitive Persönlichkeit im Kontakt erkennbar sein. Vielmehr überrascht, daß bestimmte, oft auch kompensatorisch entwickelte Fähigkeiten im kognitiven Bereich oder Sozialverhalten diese Strukturen lange ausgleichen können – neben chronisch schwierigen Verläufen aus Kindheit und Jugend in die Erwachsenenzeit hinein erleben wir Menschen, die durch ein Ereignis in einem wichtigen Lebensbereich plötzlich belastet sind und unter dieser Belastung „psychosozial dekompensieren", entgleisen.

Die narzistische Störung zeigt sich insbesonders im geminderten Selbstwerterleben, mit vernichtenden, entwertenden Gewissensanteilen, die dem Klienten den Eindruck geben, völlig unwert zu sein – als Pendelbewegung und auf der „Flucht vor dem Gewissen" (Wurmser, 1987) erleben wir eine pathologische Überhöhung des eigenen Selbst und übersteigerte Größenphantasien, die ja wiederum an der Realität scheitern müssen oder in ihrer Ansprüchlichkeit und Gier negative Umweltreaktionen hervorrufen. An diesem Punkt kommt es charakteristischer Weise zu Reaktionen, in denen sich der Betroffene innerlich und äußerlich von der Umwelt abwendet und in eine Verleugnungshaltung gerät. „Unproduktives Phantasieren" steht „im Widerspruch zum Handeln und Leben in der realen äußeren Welt" (Winnicott, 1971, S. 42) – der Klient gerät in eine Realitätskonstruktion, die seinen Umgang mit der Umgebung immer weniger förderlich gestalten läßt (siehe dazu Abb. 2). Realität ist, daß unsere Klienten viele kränkende soziale Einschränkungen haben hinnehmen müssen und auch immer weiter real erleben. Nur wenige Kompensationsmöglichkeiten (etwa Geld, Anerkennung, Erfolg als wichtige Gradmesser unserer Gesellschaft) stehen zur Verfügung. Sehr verständlich, daß das Ausweichen aus dieser Welt und kompensatorische Handlungen (Alkohol/Drogenmißbrauch) kurzfristige Selbsttröstung bieten sollen.

Das *soziale Verhalten* zeigt in der Wiederholung der eigenen Lebensgeschichte Aspekte wie etwa übersteigerte Ansprüche und Entwertung bei Frustration („Sie waren meine letzte große Hoffnung, aber Sie sind genauso unmöglich wie die Anderen!"), die mangelnde realistische Selbst- und Fremdeinschätzung führt zu Phänomenen wie Überschuldung (etwa: Das Auto als Statussymbol soll den mangelnden Selbstwert heben und führt zu starken Einschränkungen im übrigen Leben oder kriminellem Verhalten).

Die näheren Beziehungen zeigen häufig die mangelnde Autonomieentwicklung: Oft besteht in den realen Erwachsenenbeziehungen tiefe fortgesetzte Abhängigkeit zu frühen Bezugspersonen (etwa ein Klient, der noch als 40jähriger bei der Mutter wohnt, Notstandsunterstützung bekommt, durch gelegentliche Zusatzarbeit sein Einkommen aufbessert und für ausgedehnte Reisen auf das Geld der Mutter zurückgreift). Die Affekte im Umgang mit der Welt sind durch hohe Labilität gekennzeichnet: hohe Gewaltbereitschaft (Selbst- und Fremddestruktion) kann zu tiefer Resignation pendeln. Latentes Mißtrauen im Kontakt mit anderen Menschen spiegelt als Schutzhaltung die realen frühen Erfahrungen wider und Beziehungen werden oft zum Eigennutz instrumentalisiert und dann abgebrochen, sobald die entsprechende Person nicht mehr nützlich erscheint – in Umkehrung zum oftmaligen eigenen benutzt werden. Die Klienten meiden einerseits nahe Bindungen – in der Befürchtung, erneut verletzt, enttäuscht zu werden und suchen andererseits andauernd Hilfestellungen und Unterstützung, oftmals in einer anklammernd-vorwurfsvollen Haltung oder mit feindseliger, aggressivfordernder Tönung.

So ist es leicht vorstellbar, daß die Reaktion der Umwelt, auch professioneller Helfer, zwischen großem (oft übergroßem) Engagement und eigenen Unlust-/Ärger-/Ablehnungsgefühlen schwankt. Die Gefahr der Neuinszenierung früher erlebter Kränkungen (Abweisung/Enttäuschung, Feindseligkeit, …) ist groß – als Reinszenierung früher Erfahrungen in der oben benannten „psychosozialen Abwehr" (Mentzos, 1988, S. 297; siehe Kapitel 1.2).

1.4.4 „Konflikt" als psychosoziale Interventionskategorie

Wie im Kapitel 1.4.2 skizziert, kann die Lebenskarriere als permanente Evolution – (Entwicklung) in Übergängen und Phasen – gelingend oder mißlingend (Kap. 1.4.3) beschrieben werden. Bei näherer Betrachtung der einzelnen *Identitätsfaktoren* (Säulen der Identität) wird jedoch in den Übergängen zwischen den Lebensphasen die Revolution (Umwälzung) der einzelnen Lebensdimensionen sichtbar: Als Beispiel sei hier das Einsetzen der geschlechtlichen Reife in der Pubertät, der Übergang vom Paar- zum Elterndasein, oder der Übergang aus der Arbeit in den Ruhestand benannt, abgesehen von außergewöhnlichen Belastungen und Schicksalsschlägen wie Erkrankung, Arbeitsverlust etc.

Diese umwälzenden Ereignisse können nun, je nach individuellem und sozialem Kontext, sehr unterschiedlich erlebt, bewertet und verarbeitet werden – es kommt zu einer ganz *individuellen Verarbeitung der Realität.*

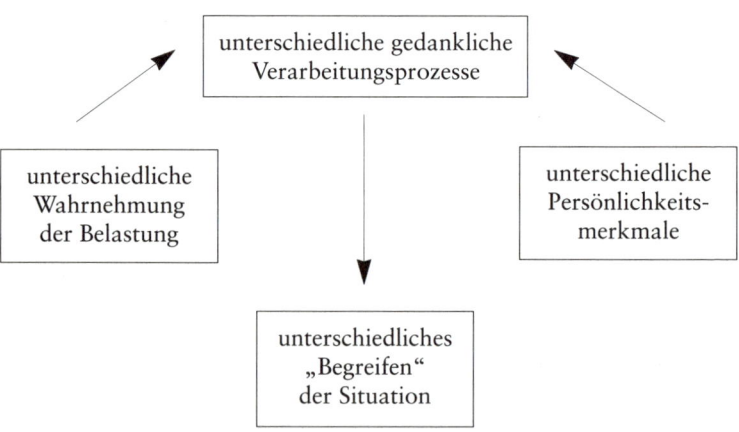

Abb. 3: *Individuelle Verarbeitung der Realität*

Wahrnehmung der Belastung:
Ein und dieselbe Situation (etwa neue Anforderungen am
Arbeitsplatz oder Elternschaft) kann von verschiedenen Personen
als anregend, herausfordernd, aktivierend, bereichernd – bis zu
verunsichernd, ängstigend, panikerzeugend erlebt werden. Die
unterschiedliche Wahrnehmung ist einerseits geprägt durch Um-
weltstandards (wird Verlust der Arbeit hoch oder niedrig bewertet?) und auch innerpsychische Kriterien, sichtbar im Familien-
und Lebensstil, die die Verschiedenheit der *Lernerfahrung im
Lebensverlauf* deutlich machen: Bin ich/sind wir Menschen, die
jedenfalls mit allem fertig werden oder prägen Katastrophen
mein/unser Leben, in denen ich/wir nicht weiter konnten/kön-
nen? Habe ich genug Kenntnisse, Fähigkeiten im Umgang mit
der Welt? Vertraue ich auf meine Fähigkeit, Probleme zu sehen
und adäquat zu lösen im Umgang mit meinen kognitiven/sozia-
len/materiellen Ressourcen? Halte ich mich für lernfähig im
Umgang mit neuen Situationen? Die Bedeutungsgebung zur
jeweiligen Situation ist durch diese Fragen geprägt und beeinflußt die emotionale Färbung des Erlebens entscheidend mit.

Unterschiedliche Persönlichkeitsmerkmale:
Hier erscheint besonders der Faktor der *Ich-Stärke* wichtig:
Kann die Person Spannung, Unabwägbares, Neues im Sinne
einer geglückten Balance der Ambivalenz zwischen Neugier und
Furcht in einem Erregungsniveau einpendeln, das kräfteaktivie-
rend, fördernd auf den Umgang mit den Anforderungen der
Umgebung wirkt oder werden innerpsychische Kräfte (neurotische Konflikte/negative Introjekte/selbstaggressiv-zerstörerische
Impulse) wirksam, die mich hemmen, situationsadäquat, den
Erfordernissen und meinen persönlichen Fähigkeiten entsprechend zu agieren/reagieren (etwa in Form von Angstüberwälti-
gung, resignativen Impulsen, überschießend-aggressiven Regungen oder disparatem/zielinadäquatem Verhalten).

Unterschiedliche gedankliche Verarbeitungsprozesse:
Bedingt durch die genannten Wirkfaktoren, Wahrnehmung und

Persönlichkeitsmerkmale entsteht eine *individuelle Wirklich-keitskonstruktion* mit dazu antönender Affektlage im jeweiligen *„Begreifen" der Situation* (im Wort „begreifen" findet sich sowohl der kognitive, als aus der Handlungsaspekt des Ergreifens/im Griff haben ...; Stolze, 1972, S. 72).

Konflikte: Der Auslöser psychosozialer Intervention
Von *Konflikten* können wir sprechen, wenn in „dem ‚Zusammenschlagen' entgegengesetzter Kräfte und Strebungen in den Bereichen der Fähigkeiten, Einstellungen, Verarbeitungen einerseits und den Gegebenheiten, Anforderungen, Belastungen andererseits" (Fatzer, 1993, S. 40) kein förderlicher Umgang entwickelt werden kann (siehe dazu Kap. 1.2, Abb. 2).
Konflikte können dabei sowohl im Individuum ihren Ausgang nehmen (intrapsychischer Konflikt) als auch durch Faktoren der Umwelt ausgelöst werden oder in der speziellen interaktiven Situation dieses Individuums situativ bedingt sein und stellen sich im weiteren als *Problem* oder drängender als *Krise* dar:

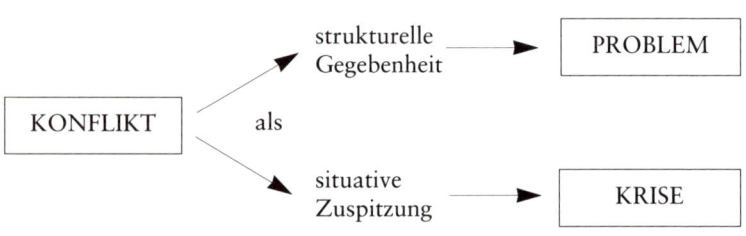

Abb. 4: *Konfliktdynamik als Problem und Krise (Fatzer, 1993)*

Somit stellt uns jedes Konfliktphänomen vor die Aufgabe, das konkrete Individuum in seinem Problemsystem (personeller/ struktureller Kontext) zu erfassen, Lösungssysteme zu erarbeiten und mit lösungswiderstrebenden Anteilen (in der Person und im Kontext des Problems) umzugehen. Daran wird sich entscheiden, ob wir mit dem Einzelnen *(Einzelfallhilfe),* in einer *Gruppenarbeit* (z. B. Familie, Bezugsgruppe, die Beteiligten an der Problem- oder Lösungssituation, etc.) oder im sozialen Kontext im Sinne einer *Gemeinwesenarbeit* (z. B. Ausländerproblematik/Jugendzentren/Seniorenarbeit, ...) mit Hilfen ansetzen müssen (siehe Kap. 2.4).

1.5 Psychosoziale Interventionen: Beteiligte Gruppen – Ähnlichkeiten und Unterschiede/Leitbegriffe

1.5.1 Integrierte Gesamtversorgung

Da das gesamte Leben Potential für Konflikte in der oben dargestellten Vieldimensionalität der Lebenszusammenhänge bieten kann, haben auch alle humanwissenschaftlichen Disziplinen Umgangsformen der Hilfe entwickelt, die Antworten auf Problemstellungen anbieten, die letztlich das Ziel einer „integrierten Gesamtversorgung" verbindet (Strotzka, 1980, S. 12).

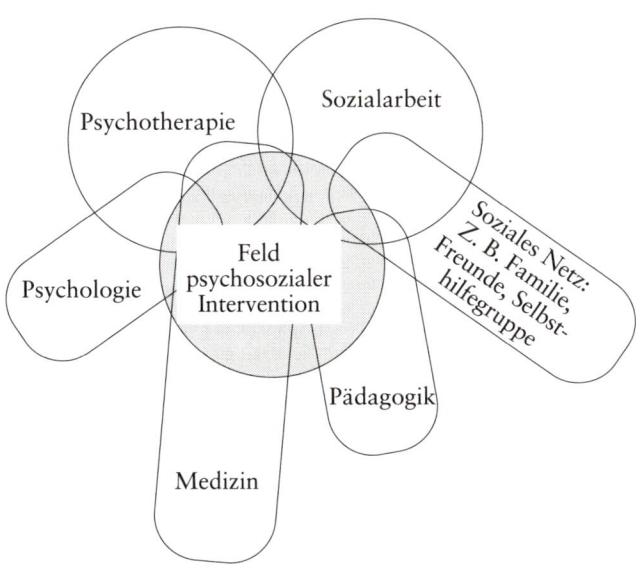

Abb. 5: *Bereiche psychosozialer Intervention (bearbeitet nach Strotzka, 1980) – Integrierte Gesamtversorgung*

Am Beispiel eines psychiatrischen Versorgungsfalles wird die Vieldimensionalität der Aufgabenstellung und die Verbindung der einzelnen Versorgungsformen deutlich:

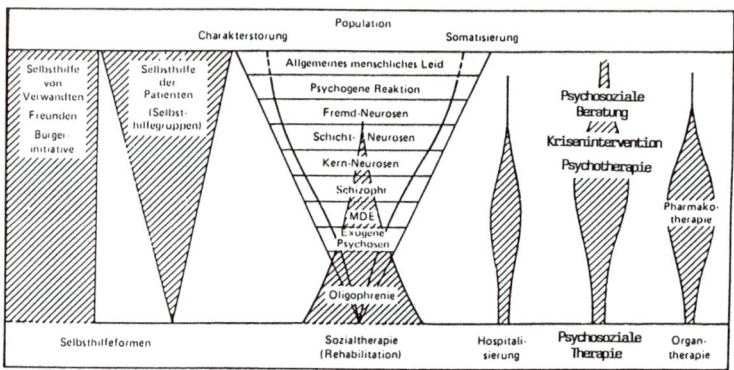

Abb. 6: *Psychiatrisches Versorgungsmodell (bearbeitet nach Strotzka, 1980)*
„Die verschiedenen Therapiemöglichkeiten sind hier ... nebeneinander getrennt dargestellt und sind je nach Indikation übereinander projiziert auf die Population vorzustellen, indem zum Beispiel bei einer Krise eine kurze Hospitalisierung, antidepressive Medikation, kombiniert mit Psychotherapie und Sozialtherapie (als Sonderfälle psychosozialer Intervention, M. H.) zugleich angewendet werden, wobei auch Selbsthilfe des Patienten und durch seine Angehörigen eine entscheidende Rolle spielt" (Strotzka, 1980, S. 12).

Die Analyse von Interventionsprozessen zwischen den einzelnen Hilfsgruppen und unter verschiedenen Institutionen zeigt leider schwere Mängel: Psychosoziale Hilfen sind noch immer völlig unterrepräsentiert in medizinisch-versorgenden Einrichtungen und die Zusammenarbeit mit psychosozialen Hilfsdiensten wenig koordiniert. Sowenig wie die Gesamtbetrachtung des Problemsystems in den meisten Fällen gelingt (z. B. Alkoholproblematik in der Familie – Lernschwierigkeiten der Kinder – Verschuldung der Familie ...), gelingt es auch nur unzureichend, die Ressourcensysteme des Klienten/der Klienten-

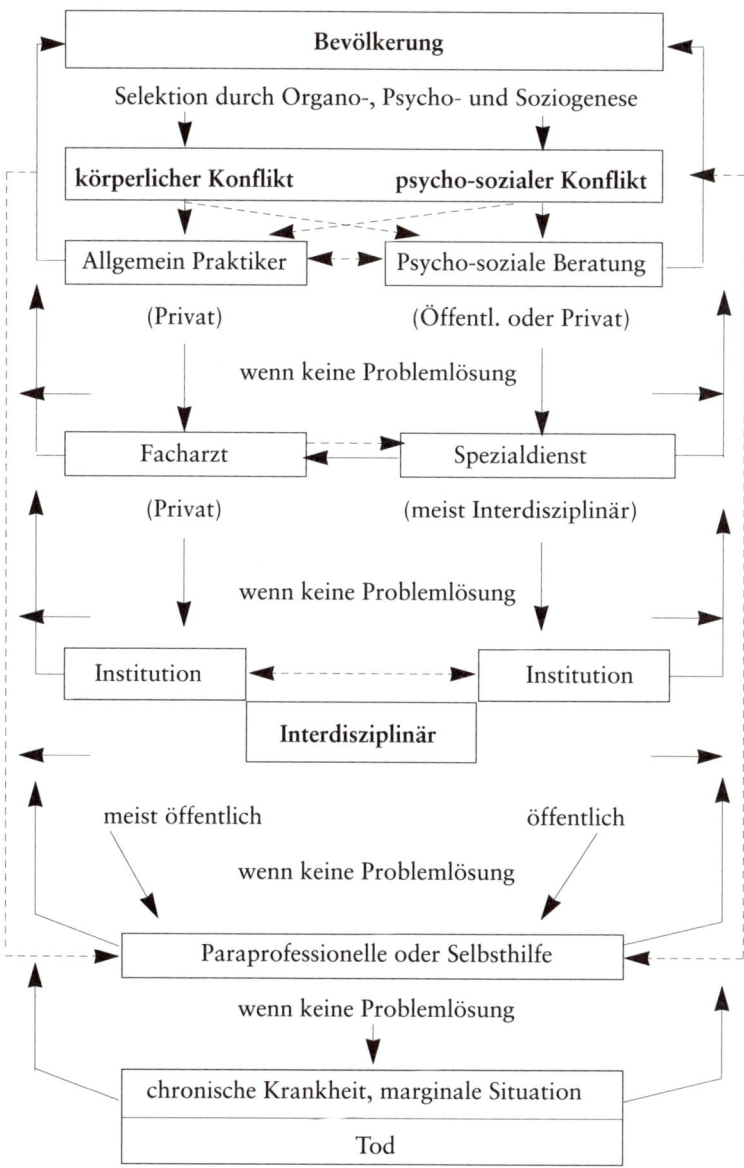

Abb. 7: *Möglichkeiten (↔) und Mängel (← – →) der Kooperation zwischen medizinischen/psychosozialen/paraprofessionellen Hilfsdiensten (ergänzt nach Strotzka 1980)*

gruppe bestmöglich zu organisieren (konzentrierte Hilfe der einzelnen Hilfsgruppen; Alkoholentzug-Therapie-Selbsthilfe-gruppen-Lernhilfe/Familienberatung und Schuldnerberatung in Kombination). Hier sind die koordinierenden Berufsgruppen (insbesonders Sozialarbeiter) überfordert, nicht genügend miteinbezogen oder unzureichend mit Ressourcen ausgestattet.

Das folgende Schema (Abb. 7) zeigt die Kooperation von medizinischen, psychosozialen und paraprofessionellen Hilfsgruppen. Die strichlierten Linien zeigen die Mängelsituationen in der Verknüpfung der Hilfsdienste.

1.5.2 Psychosoziale Intervention – Medizinische Intervention – Hilfe im sozialen Netz: Ähnlichkeiten und Unterschiede

Den Abbildungen 5 und 6 folgend gilt es, „psychosoziale Intervention" gegenüber privater Betreuung und Hilfestellung im sozialen Netz der betroffenen Personen abzugrenzen und ebenso gegenüber konservativer medizinischer Behandlung. Dies soll durch Abbildung 8 näher erläutert werden.

Generell unterscheidet die professionelle *psychosoziale Hilfestellung* von der *Hilfe im privaten sozialen Netz* (Familie, Freunde), daß die Verbindung durch das Problem/den Konflikt entsteht und mit Beendigung der Hilfestellung auch wieder endet. Gemeinsam ist beiden Bereichen der Hilfsvorgang im Verstehen, der emotionalen Stütze und der oft sehr nahen praktischen Lebenshilfe. Jedoch steht hinter professioneller Hilfe immer eine Technik der Problemlösung, die zu sinnvollen Schritten in der klar umrissenen Problemstellung des Klienten und zur Verbesserung/Lösung der Situation führen soll. Die Beziehung im persönlichen Bereich ist symmetrisch – abwechselnd stehen die Bedürfnisse der Beziehungspartner im Zentrum der Aufmerksamkeit. In der professionellen Hilfe ist die Beziehung asymmetrisch – der Klient steht im Mittelpunkt, auch bei kontrollierter gefühlsmäßiger Beteiligung des Helfers. Letztlich komplettiert die klare Regelung der Bezahlung des Helfers und

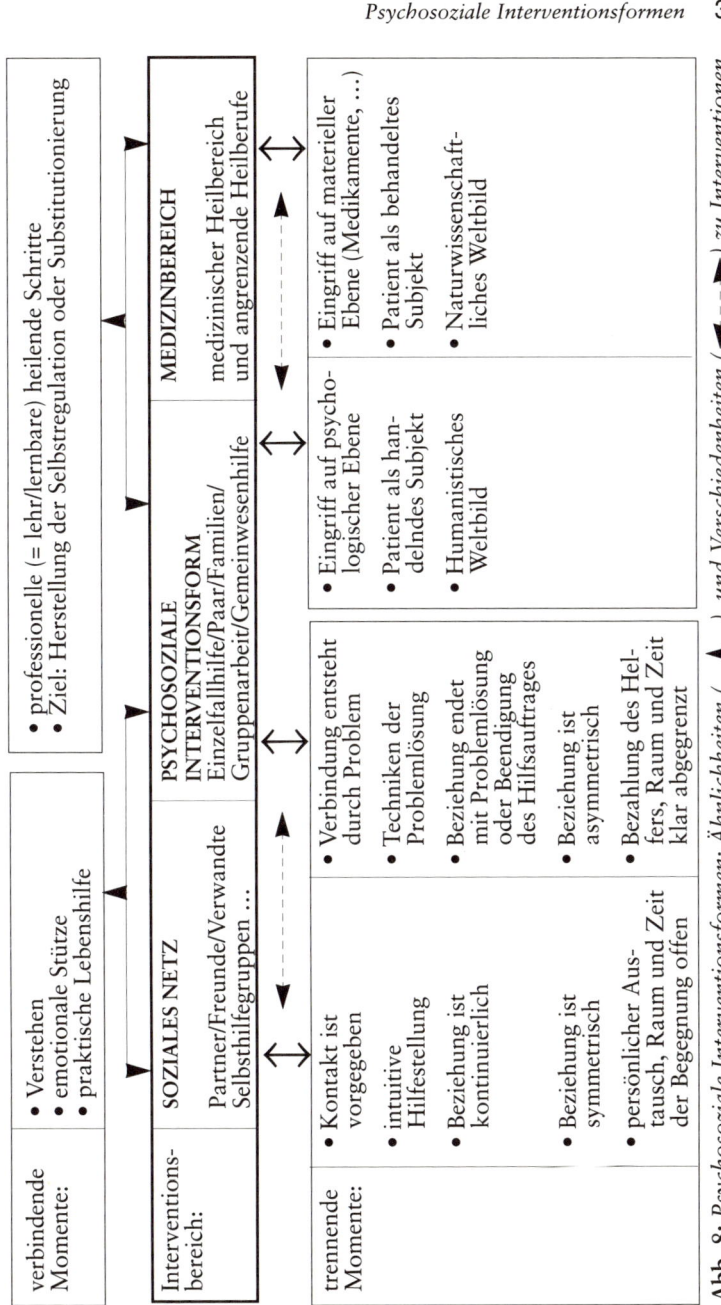

verbinde Momente:	• Verstehen • emotionale Stütze • praktische Lebenshilfe		• professionelle (= lehr/lernbare) heilende Schritte • Ziel: Herstellung der Selbstregulation oder Substitutionierung
Interventions-bereich:	SOZIALES NETZ Partner/Freunde/Verwandte Selbsthilfegruppen …	PSYCHOSOZIALE INTERVENTIONSFORM Einzelfallhilfe/Paar/Familien/ Gruppenarbeit/Gemeinwesenhilfe	MEDIZINBEREICH medizinischer Heilbereich und angrenzende Heilberufe
trennende Momente:	• Kontakt ist vorgegeben • intuitive Hilfestellung • Beziehung ist kontinuierlich • Beziehung ist symmetrisch • persönlicher Austausch, Raum und Zeit der Begegnung offen	• Verbindung entsteht durch Problem • Techniken der Problemlösung • Beziehung endet mit Problemlösung oder Beendigung des Hilfsauftrages • Beziehung ist asymmetrisch • Bezahlung des Helfers, Raum und Zeit klar abgegrenzt	• Eingriff auf psycho-logischer Ebene • Patient als han-delndes Subjekt • Humanistisches Weltbild	• Eingriff auf materieller Ebene (Medikamente, …) • Patient als behandeltes Subjekt • Naturwissenschaft-liches Weltbild

Abb. 8: *Psychosoziale Interventionsformen: Ähnlichkeiten (▲ ▲) und Verschiedenheiten (◀--▶) zu Interventionen im sozialen Netz und Medizinbereich*

zeitlich/örtliche Begrenzung der Kontakte den Unterschied im Setting zur privaten Hilfsbeziehung.

In der Abgrenzung zwischen *psychosozialer Hilfe* und *medizinischem Heilbereich* sind die Bereiche durch jeweils professionelles Vorgehen in der Diagnostik und Behandlung verbunden – auch die Ziele sind ähnlich: Wiederherstellung der Selbstregulationsfähigkeit oder Substituierung fehlender Fähigkeiten – wenn auch auf den verschiedenen Ebenen (Medizinischer Schwerpunkt: somatische Organbehandlung bzw. Psychosoziale Intervention: Beziehungsbehandlung). Unterschiede zeigen sich vor allem auf der Ebene der Hauptinterventionen und der dahinter stehenden Paradigmata: Verstehen sich *psychosoziale Interventionen* letztlich als Interventionen in und durch Kommunikation in einem Feld mit den Schwerpunkten *Information, Beratung, Betreuung, Therapie*, so wird dabei der Klient als handelndes Subjekt, als Interaktionspartner betrachtet. Dahinter steht eine psychologische Betrachtungsweise, im Gegensatz zur medizinischen Vorgangsweise: Herkömmliche Medizin versteht sich (im besten Sinne) als Interventionsrepertoire auf materieller Ebene (des Körpers) mit materiellen Substanzen (Medikamenten, ...). Der Patient ist im therapeutisch-diagnostischen Zirkel der Behandlung auch Objekt der Situation, behandeltes Subjekt. Die Begegnung/Beziehung wird im medizinischen Kontext förderlich und zur Erkenntnisgewinnung unabdingbar anerkannt, steht jedoch nicht im Zentrum der Behandlung.

1.5.3 Leitbegriffe

Jede der befaßten Personen in den psychosozial intervenierenden Gruppen (siehe Abb. 5) bringt ein spezielles Interventionsrepertoire zur Einflußnahme in das Geschehen mit. Beginnend mit der Diagnose, dem methodischen Vorgehen und der Erarbeitung von Zielen in der Behandlung entsteht so ein *Konzept der Intervention*, das folgende *Leitbegriffe* umfaßt (in Abwandlung des § 1/Psychotherapiegesetz 361/1990):

Psychosoziale Intervention: Leitbegriffe

Psychosoziale Intervention ist die nach einer *Ausbildung* erlernte, *bewußte* und *geplante* Behandlung von *psychosozial* bedingten *Leidenszuständen und Verhaltensstörungen* von Einzelindividuen oder Personengruppen in einer Interaktion zwischen einem oder mehreren Behandelten und einem oder mehreren Behandlern mit dem Ziel, *gestörte Verhaltensweisen* und Einstellungen zu *ändern* und die *Reifung,* Entwicklung und Gesundheit des Behandelten *zu fördern*, wobei der Handlungsansatz am Individuum, mit Gruppen, dem sozialen Umfeld oder in der daraus entstehenden Dynamik entwickelt werden kann.

---

2. Der psychosoziale Behandlungsprozeß

2.1 Behandlung in Beziehung

Kontakte zu psychosozialer Beratung entstehen durch die Konflikthaftigkeit des Lebens und Erlebens der betroffenen Personen, die in Widerspruch zu sich und/oder der Umwelt geraten und ihr Leben nur noch unbefriedigend (d. h. den inneren und äußeren Erfordernissen nicht entsprechend), gestalten können. Grundsätzlich handelt es sich dabei um *Interaktion* (siehe Abb. 1 und 2) und somit kommunikative Prozesse, sowohl im Individuum (im Denken/Erleben/Handeln) als auch im Kontakt des Individuums zur umgebenden dinglichen Welt und den anderen Menschen. Somit begründet sich psychosoziale Behandlung immer in einem kommunikativen Austausch von Behandler und Behandeltem, der über den situativen *Kontakt* zur *Begegnung* und *Beziehung* (Petzold, 1993) im gemeinsamen Handlungsprozeß der Intervention führt. Dieser Austausch im sprachlichen Verständigungsprozeß bedingt letztlich Lernprozesse, sowohl auf der Seite des Behandlers als auch des Behandelten: Im Gespräch kann man als erstes die Situation, das *subjektive Erleben* und den *Kontext* des Klienten deutlich in der individuellen Verhaltens- und Erlebensweise des Betroffenen *wahrnehmen*. Im zweiten Schritt versucht der Behandler die präsentierten Phänomene und Erlebnisweisen in der Gesprächssituation zu *erfassen*, also wesentliche Muster des Klienten für sich aus der Fülle der gegebenen Information prägnant werden zu lassen. Im dritten Schritt geht es um *Verstehen* der einzelnen wahrgenommenen Verhaltensformen und erfaßten Verhaltens – Erlebensmuster. Dies kann als viertes zum *Erklären* im Sinne einer Hypothesenbildung führen, wie bestimmte Interaktionen mit dem Klienten und seiner Umwelt zusammenhängen können. Dieser *hermeneutische Erkenntnisprozeß* (Petzold, 1993) entwickelt sich in einem gemeinsamen Gesprächs- und Erkenntnisprozeß, der in der Begegnung Berater/Betroffener und dem Gewinn einer gemeinsamen subjektiven Wahrheit seine Wirkung entfaltet. Der Klient wendet sich mit der entwickelten Erklärung und einem damit veränderten Verstehen erneut seiner Realität zu und kann Schritte zur Umgestaltung seiner Lebenswelt setzen. Das gemeinsam erarbeitete Erklärungsmodell wird so erneut zur Hypothese, die an der Lebenswirklichkeit überprüft wird und in einem erweiterten Wahrnehmen, Erfassen, Verstehen als *gemeinsame hermeneutische Suchbewegung im psychosozialen Behandlungsprozeß* die helfende Beziehung bestimmt. Oft wird dabei das Interaktionsmuster in der entstehenden Beziehung modellhaft als Wiederholung auch sonstiger Lebensmuster und Verhaltensformen erfahrbar: Die therapeutische Szene spiegelt Lebensszenen wider und deren Bearbeitung gibt verbesserte Einsichtsfähigkeit für den Klienten in sein inneres Erleben und dem Berater Hinweise auf wichtige psychische und soziale Dynamiken des Klienten (siehe dazu Abb. 9). Dabei werden im gegenwärtigen Erleben die gesammelten Lebenserfahrungen lebendig und entwickeln auch in der Vorwegnahme der zukünftigen Ereignisse als Erwartungshaltung hohe Bedeutung für den Klienten (siehe auch Kap. 2.4.3.3).

Drei wichtige allgemeine Lernziele zum verbesserten Umgang mit sich und der Welt können so schrittweise erarbeitet werden: *Der Klient lernt* in der Beratungsszene *über sich selbst* und er lernt einen neuen Weg und Fertigkeiten, *seine Konflikte zu bewältigen*. Somit *steigt sein Wissen* und seine Kompetenz im Umgang mit der *vorgegebenen Welt*.

Dies kann das folgende Modell veranschaulichen:

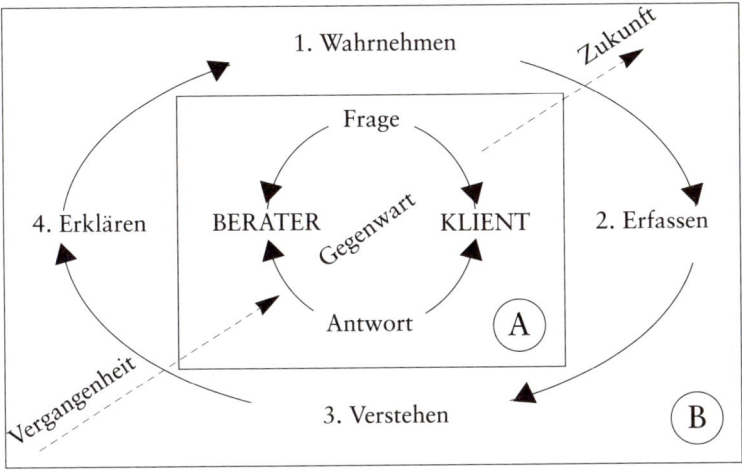

A: Aktuelle Beratungssituation   B: Kontext der Beratung

Abb. 9: *Beziehungsgestaltung Berater/Klient im zeitlich und räumlichen Zusammenhang als gemeinsame hermeneutische Suchbewegung (bearbeitet nach Fatzer, 1990 und Frühmann, 1994)*

Im gemeinsamen *Frage-Antwort* Prozeß von *Berater* und *Klient* wird versucht, die *aktuelle Situation* im *Kontext* der Lebenszusammenhänge gemeinsam *wahrzunehmen*, zu *erfassen*, zu *verstehen* und zu *erklären*. Dies führt zu veränderter Selbst- und Fremdwahrnehmung und im Umgang mit der Realität zu einem erneuten *Wahrnehmen* der jetzt veränderten Situation und der Erprobung von Veränderungsschritten. Damit wird ein zweiter (dritter/vierter/...) hermeneutischer Zirkel in Gang gesetzt. Dabei spielen die in der *Gegenwart* aktualisierten Vorerfahrungen aus der *Vergangenheit* eine besonders wichtige Rolle, da diese Erfahrungswerte prägend für Einstellungen und Prognosen zur eigenen *Zukunft* sein können und damit die Motivationslage des Klienten entscheidend beeinflussen. Die *aktuelle Situation* wird somit zum Erfahrungs- und Lernfeld des Klienten mit der Möglichkeit, erworbene Verhaltensweisen zu überdenken, zu korrigieren und damit Entscheidungsfreiheit für künftige Lebensschritte zu entwickeln (siehe dazu auch: Mehrperspektivisches Gruppenmodell von R. Frühmann in Petzold & Frühmann, 1986 und Hochgerner & Wildberger, 1994; weiters zur Hermeneutischen Spirale: Petzold, 1993).

2.2 Ziele der psychosozialen Intervention

2.2.1 Hilfe zur Minderung sozialer Spannung/Konfliktlösung

Der Klient soll lernen, mit Hilfe neuer Umgangsmöglichkeiten in seinem Leben Konflikte frühzeitig zu erkennen, problemlösende Vorgangsweisen zu entwickeln und letztlich effektiv mit sich und seinen Intentionen in der Welt in Korrespondenz mit der Umgebung zu leben (siehe „Beantwortetes Wirken", Kap. 1.2). Der Klient selbst muß die Verbesserung subjektiv empfinden können und es müssen auch objektiv erkennbare Veränderungen in Haltung und Verhalten und der Reaktion der Umwelt erkennbar sein. Die Vorgangsweise ist pragmatisch den Realitäten angepaßt: Oft ist eine Symptomlinderung (etwa von Konfliktlösung mit Körperverletzung hin zu Sachbeschädigung) bereits als großer Erfolg zu werten. Immer wieder wird die Eingebundenheit des Menschen in seine soziale Welt und damit auch Abhängigkeit von anderen Personen und Dingen und Problemstellungen zur Eigenständigkeit im Brennpunkt stehen. Der Berater übernimmt hier die Rolle des Vermittlers zwischen den beiden Polen hin zu einem Interessensausgleich zwischen Umweltanforderungen und Eigenbedürfnissen. Die Umgangsformen in diesem Spannungsfeld sollen vom selbst- und/oder fremdschädigenden Verhalten hin zu sozial- und persönlichkeitsadäquaten Vorgangsweisen verschoben werden. Letzlich sollen Ressourcen des Klienten entwickelt werden, die ihm einen kompetenteren Umgang mit der Welt in Verfolgung seiner Ziele (in Korrespondenz zur Welt) ermöglichen. Ist dieser Zustand erreicht, wird die Lebensqualität dadurch nachhaltig verbessert, daß der Klient gelernt hat, in Zukunft die gemachte Erfahrung im Hilfsprozeß auch auf andere Situationen im Sinne des sozialen Lernens selbständig zu übertragen.

2.2.2 Hilfe zur Selbsthilfe

Diese zentrale Forderung der Sozialarbeit (R. Bang, 1958) ist der zweite Pol in der Zielvorstellung psychosozialer Arbeit: *Ich-Stärkung, verbesserte Autonomie, erhöhte Differenzierungs-möglichkeit* im Selbst- und Fremderleben, vermehrte Wahl- und Entscheidungsfreiheit in der Gestaltung des eigenen Lebens und damit verbesserte Übernahme der Verantwortung für das eigene Leben stehen hier im Zentrum. Dem Klienten geht es ja letztlich in seinen gesunden Anteilen „um die Bewältigung adoleszenten oder erwachsenen Lebens" (Fürstenau, 1992, S. 126), eine „Weiterentwicklung in die erwachsene Welt hinein" (ebenda, S. 126). In der aktiven Verbündung des Helfers mit den progressiven Anteilen seines Klienten werden Handlungsentwürfe erstellt und begleitend erprobt. Hier gilt besondere Achtung der Dynamik von Nähe – Distanz im helfenden Bündnis: Gerade im gemeinsamen Ziel der Autonomieentwicklung entstehen oft sehr enge Betreuer-Klientenbündnisse, die im Gegensatz zum angestrebten Ziel – der Verselbständigung – ein sehr Abhängigkeit erzeugendes Beziehungsmuster herstellen. So gilt es genau zu unterscheiden, wann die intensive Kontaktaufnahme dem Ziel der Selbsthilfe förderlich ist, und wo lediglich eine Pseudoselbständigkeit entsteht in der erneuten Abhängigkeit – nun zu einem professionellen Helfer. Diese Beziehungsaufnahme und intensive Gestaltung des Kontaktes schon unter dem Gesichtspunkt der absehbaren Beendigung ist letztlich die Kunst der Interventionsgestaltung.

2.3 Beratung als Arbeitsform psychosozialer Interventionen in Abgrenzung zu Therapie, Begleitung und Erziehung

Das zentrale Medium der Interventionsformen ist die *Beratung,* denn „die Zielsetzung der Beratung konzentriert sich auf eher eng definierte, situationsbezogene und spezifische Probleme, bei denen es darauf ankommt, die Ressourcen des Klienten vollumfänglich zu nutzen" (Fatzer, 1990, S. 39).

Hier stellt sich die Frage nach der Unterscheidung bzw. Ähnlichkeit zur *Psychotherapie,* werden doch die laut K. Grawe (Grawe, 1994, S. 749 ff.) zentralen Wirkfaktoren der Psychotherapie auch in der Beratung zum Thema: Der Helfer im psychosozialen Setting bietet „aktive Problembewältigung" in der Lebenssituation an und entwickelt im Kontakt eine „Problembewältigungsperspektive", die Motive der Klienten werden erforscht und bearbeitet im Sinne der Grawe'schen „Klärungsperspektive" und „negative emotionale Schemata" werden korrigierend bearbeitet. Somit wäre die Abgrenzung von Beratung zu Kurzzeitpsychotherapie schwer benennbar und richtet sich oft mehr nach dem Setting und dem Selbstverständnis des Helfers/ der Arbeitsstelle in der jeweiligen Hilfssituation. Beratung und Therapie bilden hier ein Kontinuum, doch auch die Momente des Lernens (etwa am Modell des Beraters) verweisen auf Momente von *Erziehung* im Behandlungprozeß, der von einem einmaligen Kontakt bis zu langfristiger (therapeutischer/beraterischer) *Begleitung* reichen kann.

Hilfreich erscheint hier nach A. Aichinger (1995) die Begriffserklärung in Anlehnung an Ludewig (1991), der idealtypisch vier *Grundarten helfender Systeme* unterscheidet, die sich graphisch folgendermaßen darstellen lassen:

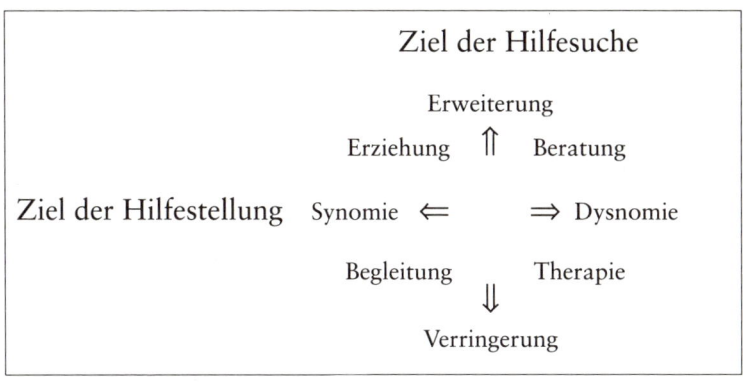

Abb. 10: *Schwerpunkt „Beratung" in Abgrenzung zu „Therapie/Begleitung/Erziehung"*

Zwei Kontinua werden deutlich:

A. Die vertikale Dimension, welche Anliegen bzw. das Ziel der Hilfesuchenden beinhaltet. Sie verläuft zwischen den Polen Suche nach Erweiterung (z. B. Zunahme an Fähigkeiten, Optionen) und Suche nach Verringerung (z. B. Abnahme von Lebensproblemen, Leiden ...).

B. Die horizontale Dimension, welche Anliegen bzw. Ziel der Hilfestellung beinhaltet. Sie verläuft zwischen den Polen Synomie (= Angleichung der Strukturen zwischen Helfer und Hilfesuchendem, Herstellung von Kontinuität, Ankoppelung ...) und Dysnomie (= Abstandhalten zwischen Hilfesuchendem und Helfer, um rasches Abkoppeln zu ermöglichen) (Aichinger, 1995, S. 46).

Beratung versteht sich schwerpunktmäßig als focussiertes Angebot mit geringerer Nähe in der Beziehung als in der Psychotherapie. Psychosoziale Beratung richtet sich an Menschen, die wohl einerseits ihre Situation als problemhaft erkennen, jedoch Teile ihres Problemverhaltens in ihre soziale Welt „ausgelagert" haben und nun dort ihren Leidensdruck verstärkt (und nicht wie im psychoneurotischen Verarbeitungsmodus in sich) wahrnehmen. Oft herrscht das Gefühl der Resignation vor und wenig Ressourcen zur Veränderung der Situation scheinen vorhanden zu sein. Je schwieriger die Problemlage und chronifizierter die schädigenden Umgangsweisen, desto eher verwandelt sich die Art des Umgangs in eine oft auch langfristige *Begleitung,* zur Kompensation und allmählicher Erweiterung der Fähigkeiten: Hier ist der Übergang zum Neulernen im Sinne des *Erziehens* (Lernaspekt) gegeben (siehe jeweils Abb. 10). Verlagert sich die Problematik aus dem Sozialbereich mehr in innerpsychische (neurotische) Dynamiken, verlagert sich die Intervention vermehrt zur *Psychotherapie.*

Der Versuch einer künstlichen Trennung entspricht in keiner Weise der Arbeitsrealität. Vielmehr wird deutlich, wie flexibel und dem Beratungsprozeß entsprechend Angebote gestaltet werden müssen: Von Anleitung und Begleitung bei der Eröffnung materieller Hilfe in oft recht direktivem, übendem Vorgehen schon mehr in einer führenden als begleitenden Position bis zu sehr abstinenten Arbeitsphasen, die den Handlungen des Klienten distanziert-reflektierend und abwartend gegenübersteht. Das Spektrum zwischen direktiver und non-direktiver Vorgangsweise sollte keineswegs als Gegensatz sondern als phasenspezifische Antwort des Beraters auf die Problemlage und die Art der Verarbeitung des Klienten im Problemumgang betrachtet werden – immer unter dem Blickwinkel der „Hilfe zur Selbsthilfe."

2.4 Der Beratungsprozeß

2.4.1 *Einzelberatung: Haltungen des Beraters und des Klienten*

2.4.1.1 Die Haltung des Beraters
Beratende Tätigkeit kann als *Bildungsarbeit in Beziehung* bezeichnet werden: Einerseits soll der Beratungsprozeß den Klienten (weiter-)bilden im Sinne erhöhter „Reflexionsfähigkeit" (Lenz, 1955) gegenüber der eigenen Person, der Welt, der Sach-

bezüge und Handlungsmöglichkeiten und der sozialen Welt. Andererseits findet diese Bildung in einer persönlichen, jedoch rollengebundenen Beziehung statt. In diesem Spannungsfeld der Begegnung ist die *persönliche Haltung* in der Begegnung (mit welcher inneren Haltung begegne ich mir und dem Klienten? Wie weit bringe ich mich als Person in den Beratungsprozeß ein? Welche Gefühle werden in mir ausgelöst? ...), ebenso entscheidend wie *die Rolle*, die ich *im Beratungsprozeß* einnehme (siehe Abb. 11).

Grundbedingungen zur Entstehung von Beziehung als Hauptwirkfaktor für Beratung sind vorab die *Bereitschaft zur persönlichen Begegnung*, das *Interesse* an der Person, die mir in ihrer individuellen Situation entgegenkommt. Meine *Offenheit* und *Empfänglichkeit* ermöglicht mir *Einfühlung* in die Befindlichkeit meines Gegenübers. Dieser Prozeß braucht Zeit, die oft ein hohes Maß an *Kontinuität in der Beziehung* erfordert, bis *Tragfähigkeit* in der zu planenden gemeinsamen Arbeit gegeben ist. Gleichzeitig erfordert die Rolle des Beraters eine *notwendige Distanzierung* vom Inhalt und Affekt des Klienten, um das produktive Maß der Involviertheit nicht zu übersteigen – zu groß ist die Gefahr der einengenden Parteilichkeit entweder in der Verbündung mit dem Klienten in seiner Problemlage oder die Entwicklung von eigenen heftigen Gefühlen in Antwort auf die Affekte des Klienten (im Sinne einer Gegenübertragung): Beide Reaktionen würden die Beratungsfähigkeit extrem einschränken. Weiters braucht es die Bereitschaft des Beraters, die *Gefühle des Klienten ernst* zu *nehmen*, die oftmals überschwenglich positiv sind oder auch entwertend-aggressiv gefärbt sein können – der Berater ist auch Beziehungsperson und Repräsentant der Gesellschaft – mit der der Klient in Konflikt geraten ist und damit in der Arbeitsbeziehung all den damit entstehenden Gefühlen des Klienten ausgesetzt. Hier bedarf es viel *Vertrauen*, daß diese schwierigen Beziehungsphasen durchlaufen werden können und auch die *Bereitschaft, die Ziele der Beratungstätigkeit* sehr realistisch und maßvoll anzusetzen. *Verschwiegenheit,*

Rollenkategorien des Beraters unter dem Gesichtspunkt: direktiv-non-direktiv

Mögliche Rollen des Beraters

stimuliert Reflexion	Prozeß-Spezialist	erhellt Sachverhalte	entdeckt Alternativen	unterstützt Problemlösung	Trainer/Ausbildner	Fachmann	Anwalt

Klient → Berater

Non-direktiv ———————————————————————————— Direktiv

Ebenen der Beratungsaktivität im Problemlösungsprozeß

stimuliert Reflexion	Prozeß-Spezialist	erhellt Sachverhalte	entdeckt Alternativen	unterstützt Problemlösung	Trainer/Ausbildner	Fachmann	Anwalt
wirft Fragen auf, die zum Nachdenken anregen	Prozeßbeobachtung und Begleitung, gibt Gelegenheit für Feedback und Evaluation	sammelt relevante Daten und regt die Auseinandersetzung damit an	sucht nach Alternativen, und hilft bei deren Bewertung	schlägt Alternativen vor, hilft zu einer Entscheidung zu kommen	trainiert den Klienten und plant dessen Weiterentwicklung (Lerngelegenheiten)	stellt Wissen zur Verfügung und etabliert eine bestimmte Vorgehensweise	stellt Regeln und Richtlinien auf, führt Methoden ein und lenkt den Problemlösungsprozeß

Abb. 11: „Beratung" im Spektrum von direktiv/non-direktiv *(nach Fatzer, 1990, bearbeitet nach Kubr, 1986)*

Korrektheit im Einhalten der Vereinbarungen für Raum/Zeit/
Bezahlung *im Arbeitsbündnis* wirken beziehungsentlastend und
sichern den Rahmen für *emotionale Begegnung* in *kontrollierter
gefühlsmäßiger Anteilnahme* und *partieller Offenheit* gegenüber
dem Klienten. Das meint: die mitgeteilten eigenen Gefühle und
Gedanken müssen wahr sein und auch situativ angepaßt. Der
Berater wird die den Prozeß des Klienten unterstützenden eigenen Gefühle dosiert einbringen und die anderen Regungen in
ihm hintanhalten: Der Klient steht im Mittelpunkt der Beziehung mit seinem Erleben und seinen Handlungsimpulsen. Es
bedarf einer grundsätzlich *einfühlenden, nicht-wertenden
Grundhaltung* im Kontakt, die uns ermöglicht, den Klienten *als
Person*, nicht jedoch unbedingt sein Tun zu *akzeptieren*.
Letztlich kommen wir in eine Haltung der *wohlwollenden Parteilichkeit* zu unserem Klienten mit einer Distanz im Umgang,
die es uns ermöglicht, eine förderliche, *angemessen diskrepante
Sicht* zum Erleben des Klienten zu halten und ihm anzubieten,
um seine eigenen Haltungen und Gefühle überprüfen und korrigieren zu können. Das *gegenseitige Interesse* entwickelt sich *am
Ziel* der Konfliktlösung, deretwegen die Beziehung aufgenommen und die auch wieder Anlaß zur Lösung der Beziehung sein
wird. Die *Ablösung* vom Klienten bedarf wiederum eines Ar-
beitsprozesses, gerade dann, wenn die Arbeit gut gelungen ist,
denn Ziel muß jeweils die verbesserte *Autonomie* des Klienten
sein und damit auch sein Wieder-in-die-Welt-gehen mit Beendigung des Arbeitsvertrages.

Probleme auf seiten des Beraters:
Die Gefühle des Klienten können im Berater heftige Gegenreak-
tionen auslösen, die geradezu zu einem „Wechselbad der Gefühle" (Rauchfleisch, 1996, S. 61) führen können. Kränkt, entwer-
tet der Klient und weist die Angebote des Helfers zurück, können im Berater Aggression, etwa in Form von Entwertung,
Zynismen etc. ausgelöst werden oder ganz entgegengesetzt, ein
besonders heftiges Bemühen, doch noch dem Klienten „etwas

zu beweisen" (im Sinne eines Machtkampfes). Klienten, die besonders hilfsbedürftig erscheinen, verleiten zu Überanteilnahme und Verbündung oder als Gegenreaktion zu heftigen Abstoßungstendenzen im Berater. Diese heftigen Gefühle haben oft ihren Ursprung in der eigenen Geschichte der Berater. Erlebte Gefühle aus früheren Beziehungen werden wiederbelebt (Gegenübertragung) und unbewußt wiederholt. Zur Hilfe des Beraters bietet sich die *Supervision* an, eine reflektierende Gesprächssituation mit einem kompetenten anderen Helfer/Berater, in dem die frühe und die jetzige Beziehungssituation besprochen und verarbeitet werden kann. Ziel ist die größere Bewußtheit über Eigendynamiken in der beratenden Situation. Supervision macht Haltungen und Einstellungen bewußt und ermöglicht eine verbesserte Selbst- und Fremdwahrnehmung im Arbeitsprozeß. So kann letztlich eine *berufliche Persönlichkeit* entwickelt werden, die die eigene *Psychohygiene* in der belastenden Arbeit verbessert und die helfenden Fähigkeiten bestmöglich entwickelt (siehe Kap. 2.5.2).

2.4.1.2 Die Haltung des Klienten

Die Konfliktsituation, die der Klient in seiner Problemschilderung (siehe Abb. 4) gibt, zeigt jedoch nicht nur die Dynamik im Patienten mit seinen psychischen Problemen und seine problematische Vorgangsweise in der Realitätsbewältigung, sondern auch einen Konflikt im Verhältnis zum Berater: Der Klient kommt, damit ihm geholfen werde und doch existiert auch zugleich meist ein wichtiger Teil in ihm, der die Lösung des Problems verhindern will (etwa tiefe Resignation/Selbstaggression/mangelnder Selbstwert – siehe dazu Kapitel 1.4.3 „Der psychosozial gestörte Mensch"). Hier seien, Rauchfleisch folgend (Rauchfleisch, 1996) einige dieser hemmenden Haltungen benannt:

Mangelnde Motivation

Der Antrieb zu Veränderung ist kaum sichtbar oder reißt schnell ab – für Berater oft kaum verständlich, findet sich der Klient mit Problemlagen scheinbar ab. Nicht selten wird hinter diesen Haltungen (z. B. „Habe einfach keine Lust gehabt, auf's Arbeitsamt zu gehen ...") tiefe *Resignation* nach oftmaliger Entmutigung deutlich (z. B. „Bin mir dort immer wie der letzte Idiot vorgekommen!" ...). Oftmals wurden Beziehungsimpulse nicht beantwortet oder ausgenutzt und der Klient kommt in ein *Sehnsucht-Angst-Dilemma*: Der Wunsch nach Kontakt, Hilfe, Antwort in der Not und oft übersteigerte Anspruchlichkeit werden heftig herangetragen und provozieren auf seiten des Beraters abweisende, zurechtweisende Reaktionen oder Rückzug, der als erneute Enttäuschung verarbeitet wird, aber dem Klienten auch willkommener Anlaß sein kann, seine Angst vor Nähe und Bindung erneut bestätigt zu sehen und die Umwelt zu beschuldigen – damit fühlt er sich seiner Verantwortung zum eigenständigen Handeln enthoben und fordert von der Umgebung, für ihn zu handeln. *Mißtrauen* bezüglich erneuter Verletzung in Beziehung und Furcht vor *Ohnmacht/Ausgeliefert sein* in einer nahen, kontinuierlichen Beziehung lassen *als Reaktionsbildung mangelnde Motivation* entstehen.

Anklammern und hilfesuchendes Verhalten
Die Klienten äußern in großer Theatralik und mit Vehemenz Appelle zur helfenden Reaktion. Oft verknüpfen sich *magische Vorstellungen in Hilfsideen* (z. B. „Sie bräuchten dort nur einmal anrufen, das würde sofort alles verändern!" ...) über die Kraft des Helfers bei gleichzeitiger indirekter Erklärung der eigenen Ohnmacht in der *Abgabe der Verantwortung*. Als Gegenreaktion fordert der Berater ein Übermaß an Autonomie („Hilf dir selbst!") und kann dabei möglicherweise übersehen, daß keine Ressourcen da sein könnten, auf die zurückgegriffen werden könnte oder würdigt nicht den Erschöpfungsgrad seines Klienten, der eventuell erreicht sein kann. Greift der Berater den Hilfsimpuls zu stark auf, besteht die Gefahr, die letzten *Autonomiereste* zu *unterhöhlen* und damit ein Abhängigkeitsverhältnis, das ganz schwer wieder lösbar ist, zu provozieren. Unterschwel-

lig kränkend könnte hier ebenso das in dieser Reaktion transportierte Mißtrauen in des Klienten Kräfte, sich selbst helfen zu können, erlebt werden. Oftmals reagieren Helfer mit einer Tendenz zur Boykottierung und Bagatellisierung solcher schwierigen Klienten („Aber Herr X., das ist doch gar nicht so tragisch, das kriegen wir schon hin!" ...). Es muß die Waage zwischen Aktivierung der Eigeninitiative und direkter Unterstützung, der Balance zwischen Verwöhnung und Härte in der Klarheit der Abgrenzung glücken.

Ablehnung und Entwertung der Angebote

Oftmals muß der Berater eine *„Testphase"* auf Grund des tiefen Mißtrauens des Klienten durchlaufen: „Kann man ihm wirklich trauen, auch wenn die ruppige, aggressive Seite, Trotz etc. gezeigt wird?" *Neid* spielt eine zentrale Rolle: Der als mächtig erlebte Helfer, scheint glücklich und reich gesegnet mit Ressourcen, die man zu erhalten hofft. Er ist Gegenstand des Neides – oft wird versucht, die Beziehung zu manipulieren um sich der Illusion der Mächtigkeit hingeben zu können – in Abwehr der oft erlebten und eventuell in dieser Lebenssituation realen Ohnmachtsgefühle. Ablehnung und Entwertung erfolgen auch oft über die oben beschriebene Form des Anklammerns, wenn z. B. erneut realisiert wird, daß große Erwartungen enttäuscht wurden.

Die *Haltung des Beraters* muß hier davon bestimmt sein, dem Klienten *Zeit zu lassen*, er darf nicht drängend sein. Eine Beziehung, die konstant ist und keine übertriebenen Versprechungen anbietet, kann diese Verhaltensweise allmählich abschwächen.

Impulsives Handeln

Die Klienten verfügen nur über *geringe Angst- und Spannungstoleranz*. Spannung wird im Sozialbereich aktiviert und provoziert. In der Externalisierung des Konfliktes ist Spannungsabfuhr möglich, ohne sich mit den inneren gespannten Anteilen auseinandersetzen zu müssen. Selbstquälerische Persönlichkeitsanteile werden im Außen erlebt oder reinszeniert: gerade wenn Klienten immer wieder auch ganze Hilfssysteme (Beratungsstellen etc.) dazu provozieren können, strafend und verletzend auf die Provokationen des Klienten einzusteigen, dient dies auch zur Selbstbestätigung des (unbewußt) aggressiven Verhaltens: („Er hat mich provoziert, da muß ich ja zuschlagen!" …).

Entfaltung blinder Aktivität
Der an sich positive Versuch, bei Belastung/Konflikt aktiv zu werden, wird in der blinden Aktivität ad absurdum geführt: Die neue, hektische Tätigkeit (z. B. Putzen, Einkaufen, etwas Ordnen) führt zur Bindung der Aufmerksamkeit und damit *Abwendung* vom notwendigen und *zielgerichteten Vorgehen* und im weiteren zu Hoffnungslosigkeit und Angst. Dieses *Fluchtverhalten* führt meist zu weiterer Verstrickung in das eigentliche Problemsystem und löst besonders negative Reaktionen im Helfersystem aus, das sich provoziert fühlt („Wir haben Ihnen doch gesagt: Machen Sie das *so* und nicht *anders!*" …).
Hier muß das Ziel *verbesserter Umgang mit Angst und Spannungsintoleranz* sein. Der *Berater* sollte als helfender, externer *Schutzschild* auftreten, der in angstmachenden Situationen zur Verfügung steht und *aktiv-strukturierend* nicht jedoch an Stelle des Klienten handelnd eingreift – etwa Telefonate gemeinsam durchführt, Szenen in Rollenspielen einübt, Sicherheit vermittelt und so allmählich das Fluchtverhalten mindert.

2.4.1.3 Zusammenfassung
Der Berater greift im Kontakt mit dem Klienten *aktiv* seine *Probleme auf.* Die Vorgangsweise und der Schwerpunkt seiner Intervention richtet sich auch nach dem institutionellen Rahmen und der im eigenen Grundberuf erlernten Vorgangsweise (als Sozialarbeiter z. B. wird der Akzent mehr auf der lebenspraktischen Bewältigung der Problemfelder liegen, eventuell mit Anleitung/Hilfe zur Entwicklung materieller Ressourcen), doch in der Vielgestaltigkeit der vernetzten Probleme ist oftmals die

Grenze der eigenen Grundberufe zu überschreiten – mit einer dann weitgehenden Modifikation des gewohnten Settings. *Ziel* ist die Herstellung eines vertrauenvollen *Arbeitsbündnisses* zur Unterstützung der *Konfliktlösung*. Die Entwicklung noch ungenützter Ressourcen ist dabei mindestens so entscheidend wie die *Arbeit „am Problem"*. Der Umgang mit der Gier, dem Neid und Verleugnungsformen der Klienten braucht angemessene Reaktionen im Berater bis zum Erlernen adäquater Beziehungsformen in *kompetenterer Lebens- und Beziehungsgestaltung* (Fürstenau, 1992) durch den Klienten. Der Berater selbst braucht als Arbeitsmittel in diesen Betreuungsprozessen Unterstützung durch Supervision und Fortbildung zur weiteren Professionalisierung seiner Tätigkeit.

2.4.2 Die ersten Schritte im Beratungsprozeß

2.4.2.1 Erstkontakt

Die Rahmenbedingungen des ersten Zusammentreffens zwischen Berater und Klient sind oft mitentscheidend für die ganze weitere Arbeitsstruktur und das Gelingen oder Scheitern der Arbeit. Zu Beginn werden viele wichtige Vereinbarungen zu treffen sein, die die gemeinsame Arbeit entlasten können. Im ersten Schritt gilt es *Kontakt herzustellen*. Eine freundlich-zugewandte Art in gutem, nicht bedrängendem Abstand ist Voraussetzung, daß Ängste und Bedenken des Klienten abklingen können („Ich könnte nicht wichtig genommen werden, oder: der Betreuer könnte zu mächtig sein ..."). Der Berater klärt seine Rolle, die Zeit- und eventuell Zahlungsmodalitäten und gibt eine Einladung zur Benennung der Umstände, die den Klienten hierher führen. Die Aufmerksamkeit wechselt in der *Begleitung des Focus*, den der Patient setzt hin zum *Kontext*, dem umgebenden Feld, in dem die Erzählung des Klienten handelt (siehe Abb. 9). Die Szene ist von Geduld, zugewandtem Abwarten im Gespräch und einer akzeptierenden Grundhaltung geprägt. Der Berater gibt das Mitgeteilte zusammenfassend,

eventuell mit Rückfragen zur genaueren Erklärung an den Klienten zurück und signalisiert damit:
– Ich habe dich verstanden.
– Ich gehe in deiner Erzählung mit und nehme dich ernst.
– Ich unterstütze dich in deiner Suche nach Mitteilung und Lösung deines Anliegens.

Ziel dieser Vorgangsweise ist es, Angstminderung und erste Ahnungen von Vertrauen und Hoffnung auf Hilfe herzustellen (siehe auch Kap. 2.4.1).
Gleichzeitig dient die erste Situation bereits dazu, die entscheidende Frage auf der Beraterseite weitestmöglich zu klären: Kann ich diesem Menschen mit diesem Konflikt mit meinen Arbeitsmitteln und meiner persönlichen Verfassung jetzt eine gute Zusammenarbeit anbieten? Möchte ich mit diesem Menschen eine beratende Beziehung eingehen?
Im Zuge des Gespräches werden die Zusammenhänge, die präsentiert werden, immer komplexer werden. Diese *Ausweitung der Komplexität* ist bis zu einem gewissen Maß produktiv, können wir doch in der fortschreitenden Erzählung des Klienten mehr und mehr *szenisch erfassen*, welche Elemente hier belastend und stützend vorliegen könnten und wie die subjektive Verarbeitung des Klienten zu seiner Problematik aussieht. Zu Ende des Erstkontaktes sollte es möglich sein, die *Komplexität des Mitgeteilten* erneut zu *reduzieren*: Es geht nun um die Einengung des Anliegens auf ein mögliches, konkretes, möglichst *genau faßbares Beratungsziel* auf dem Hintergrund der geschilderten Problematik. Die Abklärung eines möglichen *Zeitrahmens* für das nun vorgefaßte Ziel verweist schon im ersten Umgang auf die Endlichkeit der Beziehung und gibt auch diagnostisch interessante Rückschlüsse über die Selbsteinschätzung des Klienten zu seinem Problem, seiner Lösungsidee.
Der Kontakt soll nicht zu intensiv und eindringlich sein und Affekte zur ohnehin gegebenen Gefühlslage nicht gleich im Erstkontakt provozieren. Damit kann auch die Kränkung im Falle

einer Ablehnung der Beratungstätigkeit auf der Beraterseite in Grenzen gehalten werden.

Das Gespräch betont die Autonomie und die Erlebensweise des Klienten. Diskussion, Konfrontation und gefühlsvertiefende Angebote/Fokussierungen erweisen sich als kontraproduktiv, da sie eher die Widerstände des Klienten zur Kontaktaufnahme verstärken in Gefühlen von Konkurrenz und Rivalität oder über die „Verführung" zu Gefühlsausbrüchen und damit einhergehender Angst vor Kontrollverlust. Die Entscheidung zu einer Fortführung der Gespräche fällt in einer Haltung von Regelung der Aufgaben zwischen Vertragspartnern.

Wichtig ist nach Ende des Gespräches die eigenen Reaktionen auf das Gespräch zu reflektieren und als wichtigen Teil des Beziehungsgeschehens in die weitere Planung miteinzubeziehen (neige ich zu verstärkter Hilfe oder eher Strenge, zu Überidentifikation oder Distanzierung, etc.?)

2.4.2.2 Psychosoziale Anamnese

In der Anfangsphase der Beratung geht es auch darum, biographische Daten zu erfassen, die möglichst umfassend das Leben und Werden des Klienten darstellen. Körperliche, seelische und soziale Zusammenhänge sollen erfaßt und auch in Verbindung zur jetzigen Situation gebracht werden. Die *5 Säulen der Identität* können anhand des folgenden Fragenkataloges (Rahm et al., 1993) erfaßt werden und eignen sich, ein umfassendes Bild des Klienten zu bekommen:

„Leiblichkeit:
- Wie ist der körperliche Allgemeinzustand? Wie belastbar ist die KlientIn?
- Gibt es Beeinträchtigungen/Krankheiten/Behinderungen: In welcher Hinsicht? Seit wann? Wie werden sie behandelt?
- Gibt es Süchte/Abhängigkeiten (Medikamenten-, Nikotin-, Alkohol-, Drogen-, Beziehungs-, Sex-, Mager-, Eß-Sucht)? Seit wann? Wie geht die KlientIn damit um?

– Sieht die KlientIn psychosomatische Zusammenhänge? Gibt es symptomfreie Zeiten? Symptomwandel? (...)
– Welche Krankheiten sind aus der Ursprungs- und der Gegenwartsfamilie bekannt? (Auch hier nach Süchten fragen)
– Wie ist das Verhältnis zum eigenen Körper? Werden Streß und Krankheitssignale beachtet? (...)
– Wann ist die KlientIn angespannt? Kann sie sich angemessen und häufig genug entspannen? Übt sie körperliche Aktivitäten aus? (Sport, Tanz, Sauna, Spaziergänge, Wandern, etc.) ...

Beziehungen/Soziales Netz:
Wie waren/sind die Beziehungen in der früheren/heutigen familiären Situation? Welche Stellung hat die KlientIn in der Geschwisterreihe?
Soziales Atom: Wer ist besonders wichtig? (Enge Beziehungen zu Freunden und Familienmitgliedern heute) ... Wie zufrieden ist sie mit dieser Situation? Wie verfügbar sind diese Menschen im Falle einer Krise?
– Gab es Veränderungen der sozialen Beziehungen (z. B. Verlust, Umzüge, Schulwechsel, Ablösungen)? Welche?
– Gibt es tragfähige Freundschaften? (...)
– Welche Geschichte haben eventuelle Freundschaftsabbrüche?
– Gibt es besonders belastende Personen (heute oder früher)?
– In welchen Rollen erlebt sich die KlientIn? Wie?
– Welche liebenswerten, welche problematischen Züge sieht die KlientIn an sich?
– Wie löst die KlientIn Konflikte?

Arbeit und Leistung:
– Welche Ausbildungen hat die KlientIn? Wie steht sie damit im Vergleich zu Geschwistern und sozialem/familiärem Umfeld? Was wurde von ihr erwartet (von der Familie oder von ihr selbst)?

– Welchen Beruf/welche Berufe hat die KlientIn? Gibt es Berufs-
wechsel? Wie verlief die Schulkarriere? (sozialer Bereich und
Erfahrungen bzgl. Leistung)
– Wie zufrieden ist die Klientin mit ihrer jetzigen Tätigkeit?
– Welche Erfahrungen hat sie mit Anerkennung/Ehrgeiz/Kon-
kurrenz/Ermutigung und Entmutigung?
– Welche beruflichen Perspektiven hat sie? Welche Hoffnungen?
Welche Ängste?
– Wie steht es mit dem Verhältnis zwischen Arbeit und Freizeit?

Materielle Situation:
– Fühlt sich die KlientIn finanziell abgesichert? (Manchmal ist
es auch sinnvoll, nach realen Zahlen zu fragen)
– Wie sieht der Vergleich mit Familienmitgliedern, dem sozialen
Umfeld und den selbstgesetzten Zielen in bezug auf finanzielle
Sicherheit aus?
– Wie ist die Wohnsituation und die Zufriedenheit damit?
– Gibt es sozialen Auf- oder Abstieg in ihrer eigenen oder der
Geschichte ihrer Familie?
– Wie ist das Verhältnis zwischen Abhängigkeit und Selbstän-
digkeit?
– Welche materiellen Perspektiven gibt es? (Sicherheit am Ar-
beitsplatz/bevorstehende finanzielle Belastungen/bevorstehen-
de Erbschaft usw.)

Werte und Normen:
– Welchen Werten (sozial, politisch, religiös) fühlt die KlientIn
sich persönlich verbunden? Welche bringt sie bewußt, welche
unbewußt zum Ausdruck?
– Wie weit entsprechen diese den Werten ihres derzeitigen sozialen Umfeldes (Familie, Schicht, etc.) und denen früherer wichtiger Bezugsgruppen (vor allem Primärfamilie)?
– Wie regide/flexibel/vage sind diese Überzeugungen? (...)

– Gibt es/gab es Normen-/Rollenkonflikte (z. B. durch den
Wechsel des sozialen Milieus)?
– Welche Umbruchstellen gibt es in der Entwicklungsgeschichte
ihrer Werte?

Das Thema „Werte" sollte in den ersten Sitzungen gar nicht
oder nur sehr vorsichtig direkt angesprochen werden. Werte
werden zunächst eher – mehr oder weniger direkt – bei den
anderen vier Identitätsbereichen mit zum Ausdruck kommen.
Die (sinngem., M. H.) BeraterIn sollte versuchen, sich darüber
Klarheit zu schaffen, inwieweit Werte und Normen der KlientIn
mit ihren eigenen vereinbar sind.

Ressourcen:
Den Stärken und Kraftquellen der KlientIn bei allen fünf Identitätsbereichen sollte besondere Aufmerksamkeit geschenkt wer-
den. Hier ist allerdings eine flexible Haltung der TherapeutIn
angebracht: Sie sollte der KlientIn zwar den Blick auf ihre Stär-
ken ermöglichen, aber ihr nicht „wohlmeinend" eine bestimmte
Sicht „aufdrücken", die ankommen könnte als: „Es ist doch
alles gar nicht so schlimm."
– Was gefällt der KlientIn an sich selbst? An ihrer Situation?
– Welcher Potentiale ist sie sich bewußt?
– Welche Potentiale scheint die Klientin objektiv zu haben?
  (Auch wenn sie sich vielleicht im Augenblick ohne jede positi-
  ve Eigenschaft erlebt?)
– Welche Ressourcen hat die KlientIn in bezug auf das soziale
  Netz?
– An wen oder was hat die KlientIn gute Erinnerungen?
– Hat die KlientIn eine geistige Heimat, ein ihr wichtiges Enga-
  gement?
– Wo hatte sie Erfolg (danach muß man oft besonders beharr-
  lich graben)?
– Welche schlimmen Ereignisse hat die KlientIn relativ heil über-
  standen?

– Welche spezielle Potenz steckt evtl. gerade in ihrem Verhaltensmuster?" (Rahm et al., 1993, S. 464 ff.)

Aus dem angeführten, umfangreichen Katalog sollten nicht alle Fragen gestellt werden müssen, vieles wird indirekt aus dem Gesagten erschließbar sein, doch sollte kein Bereich ausgelassen werden. Die geglückte Anamnese gibt ein breites Fundament zur Beratung und ist eine Situation, in der sehr leicht nach vielen Details geforscht werden kann, die Bedeutung haben können. Die Anamnese stellt eine hohe Anforderung an den Klienten zur Selbstöffnung. Das Klima muß daher vertrauensvoll, nicht wertend und atmosphärisch öffnend sein. Eine Vorinformation zum Verlauf des anamnesischen Gesprächs gibt auch dem Klienten das Gefühl, den Prozeß überblicken und mitgestalten zu können.

2.4.2.3 Diagnose/(Be)handlungsplan

Am Ende des Gespräches gilt es, die Auskünfte unter dem Blickwinkel eines vorliegenden *Problemsystems* zu strukturieren: Welche Umstände, Personen, etc. sind am Konflikt beteiligt, den es hier zu bearbeiten gilt? Im zweiten Schritt kann ein potentielles *Ressourcen/Lösungssystem* erstellt werden, das auf dem Weg dorthin unterstützend wirkt. In der Frage, welche Vorgangsweisen sich hinsichtlich von Problem- und Lösungskapazität entwickeln, entsteht eine erste *Arbeitshypothese* für weitere *Schritte in Richtung Problemlösung*.

Aus der Erfassung und Beschreibung gilt es nun, den *Plan für die Behandlung* festzulegen: Die *Inhalte* der Arbeit müssen benannt werden auf dem Hintergrund einer gemeinsamen *Zielsetzung* im Beratungsprozeß – ebenso müssen die *Vorgangsweisen* in Richtung Ziel benannt und in einen *zeitlichen Kontext* gebracht werden. Wir können hier von einer *situativen Diagnostik* sprechen, da wir nur aus dem Moment heraus die Lage wahrnehmen und erfassen können und im Sinne der hermeneutischen Vorgangsweise zur Erkenntnisgewinnung (siehe Kap. 2.1 und

Abb. 9) ein erstes, vorläufiges Verstehen und gemeinsames Erklären der Situation möglich ist. Die Diagnose ist Ausgangspunkt erster konkreter Handlungsschritte, anhand derer die Richtigkeit der Erklärungsmuster im Beratungsprozeß überprüft und verfestigt oder verworfen werden können. Besonders wichtig erscheint hier, die Normen und Werte und auch Lösungsansätze des Klienten zu respektieren und sich seinem Welt- und Lebensbild soweit möglich anzuschließen. Nur so können Strategien entwickelt werden, die das subjektive Wohlbefinden des Klienten steigern. Gleichzeitig geht es um Klassifizierung und Bewertung der erfaßten Dynamik zur eigenen Kontrolle in der Arbeit und zur Interaktion mit allenfalls weiteren Helfersystemen.

2.4.3 Aspekte des beratenden Gesprächs
In Anlehnung an C. Rogers Beratungstechnik (Rogers, 1972, 1973) zeigen sich folgende Vorgangsweisen im Beratungsgespräch als sinnvoll (nach Jorda, 1992):

2.4.3.1 Fördernde Vorgangsweisen
Dies sind alle Reaktionen, die dem Gesprächspartner vermitteln, daß
– seine Gefühle und Gedanken verstanden, akzeptiert und nichtwertend gehört und aufgenommen werden;
– daß man aktiv engagiert und beteiligt am Gespräch ist;
– daß man sich selbst kontrolliert und offen mit seinen eigenen Gedanken und Gefühlen in das Gespräch einbringt.

Grundlage dazu ist *aktives, einfühlendes, aufmerksames und akzeptierendes Zuhören:*
Paraphrasieren – den Inhalt/Aussage in eigenen Worten wiederholen, um sicherzugehen, richtig verstanden zu haben.
Verbalisierung der gefühlsmäßigen Erlebnisinhalte – mitteilen, welche Gefühle aus den Äußerungen herauszuhören waren (paraphrasieren des gefühlsmäßigen Inhaltes, nicht Darstellung äußerer Sachverhalte).

Wahrnehmungsüberprüfung – Darstellung der Wahrnehmung des Verhaltens und Überprüfung, ob die Vermutungen zutreffen.
Informationssuche – Fragen, die sich genau auf die Äußerungen des Gesprächspartners beziehen.
Mitteilung der eigenen Gefühle – (sharing), Transparenz der Gedanken und Gefühle; den Gesprächspartner aber nicht überzeugen wollen, diese zu übernehmen (siehe auch Abb. 11).

2.4.3.2 Hindernde Vorgangsweisen

Ebenso lassen sich Verhaltensweisen erkennen, die den Kommunikationsprozeß empfindlich stören oder so negativ, kränkend erlebt werden, daß Kontakt unmöglich wird.
Dies sind alle Reaktionsweisen die:
– dem Gesprächspartner seine Gefühle nehmen, ihm vermitteln, daß er diese Gefühle gar nicht haben und äußern dürfte;
– dem Gesprächspartner Gefühle der Unterlegenheit und Bedeutungslosigkeit vermitteln;
– ihm vermitteln, daß man ihm nicht zutraut, daß er mit Hilfe unserer partnerzentrierten Reaktionen allein eine Lösung seiner Probleme finden wird.

Unterlassen werden soll:
Wechsel des Themas ohne Erklärung
Beenden des Blickkontaktes – (optische Beschäftigung mit anderen Dingen/Menschen)
Interpretationen – Belehrungen geben, welche Motive hinter dem Handeln des Anderen stehen („Guru"-Verhalten).
Ratschläge und Überredung – Ziel ist zuerst zu verstehen, nicht mit Rezepten zu überschütten.
Verneinung der Gefühle – Es gilt zu vermitteln, daß der Gesprächspartner Berechtigung zu seinen Gefühlen hat.
Emotionale Verpflichtung vermeiden – nicht unterstellen: „Wie kannst du nur ..., wo doch ..."
Benutzung der offenen Äußerung als Kampfmittel – Vertrauliche Informationen später gegen den Gesprächspartner verwenden.

2.4.3.3 Dynamik des Beratungsgesprächs

Unter der Einhaltung dieser oben genannten Grundsätze stellt sich der „Bogen" eines Beratungsgespräches folgendermaßen dar (siehe auch Kap. 2.1, Abb. 9):

Eröffnung des Gespräches

Zu Beginn steht das *aufeinander Einstimmen* und die Kontaktaufnahme im Vordergrund – der Berater ist zuhörend, aktiv begleitend orientiert. Hier wird das Thema, die „Überschrift" der Beratungssituation deutlich und im Kontext des übrigen Erlebens ausgeleuchtet.

Erhellung

Das Thema entwickelt mehr emotionale Qualitäten. Empfindungen und Stimmungen, die auftauchen, werden aktiv angesprochen und rückgespiegelt oder, falls sie nicht von selbst verbalisiert werden, vom Berater nachgefragt. Allmählich soll es zu einer *Zusammenschau* der präsentierten Gefühle, Gedanken, auch in nonverbalen Signalen ausgedrückt, kommen – die „Szene" des Themas mit den aktivierten inneren Anteilen des Klienten und den in Beziehung stehenden äußeren Personen und Ereignissen wird prägnant und für beide Gesprächspartner begreifbar – ähnlich dem Bild, wenn auf einer Theaterbühne allmählich die ganze Bühne ins Licht kommt und alle handelnden Personen und Gegenstände sichtbar und in Beziehung gesetzt werden.

Konfrontation

Der Berater kann *Ungesagtes*, jedoch „szenisch Rekonstruierbares" ins Gespräch *einbringen*: Welche Gefühle, Gedanken, Haltungen, Absichten bleiben nach dem Empfinden des Betreuers unausgesprochen? Probehalber können Vermutungen in Form von Hypothesen angeboten werden („Könnte es sein, daß es auch so … sein könnte?" etc.) Gelingt auf diese Weise die Vervollständigung einer bis dahin unklaren Vorgangsweise in ihrer ganzen Bedeutung, gewinnt der Klient an Entscheidungsfreiheit: Er kann nun die selbe Situation in „neuem Licht" sehen, ein weiterer Teil ist für ihn auf seiner inneren Bühne sichtbar geworden im Sinne Lorenzer's „szenischer Rekonstruktion" als „Komplettierung der situativen Bedeutung der Szene" (Lorenzer, 1973, S. 176). Dabei kommt es oft zu starker emotionaler Berührtheit, da mit der Rekonstruktion der Szene auch der affektive Gehalt der Situation erinnerbar und erlebbar werden kann. Letztlich können anschließend *neue Sichtweisen*, Entscheidungsmöglichkeiten im inneren und äußeren Umgang entwickelt werden und es tritt ein allmählicher *Wandel im Selbstverständnis und Fremdverständnis* ein.

Integration
Im Abschluß geht es sowohl in der inneren Verarbeitung als auch bei der Umsetzung im Leben um die Integration der neuen Sicht- und Erlebnisweisen. Damit ist eine erhöhte Differenzierungsfähigkeit verbunden, die letztlich verbesserte Autonomie und Reflexionsfähigkeit zu innerem und äußerem Erleben ermöglicht.
Das Erleben der Integrationsphase und die Umsetzung führt zur Verstärkung des positiven Selbstgefühls oder gibt Anlaß zu neuer Bearbeitung – der Beratungsprozeß kann erneut ansetzen oder an diesem Punkt enden.

2.4.4 Beginn – Verlauf – Ende der Beratung
Hier soll eine generelle Dynamik zu Betreuungsverläufen dargestellt werden, die in ihrer Intensität und Länge sehr schwanken können. Klienten werden umso eher den unten gezeigten Verläufen entsprechen, je „neurotischer" ihre Persönlichkeit strukturiert ist, d. h. solche Patienten die einen deutlichen Leidensdruck verspüren, tragfähige Mitarbeit im Betreuungsprozeß entwickeln und introspektionsfähig sind. Je mehr mit der Problematik ins *psychosoziale Inszenieren* ausgewichen wird, desto mehr droht auch das Setting und die Arbeitsform generell in die

Manipulationen unserer Klientel einbezogen zu werden. Hier liegen die besonderen Anforderungen im Beratungsprozeß, jeweils beide Dynamiken zu verwalten und Grenzen zu setzen. Folgende Phasen kennzeichnen die Betreuung:

Kontaktaufnahme
Darunter versteht man die in Kapitel 2.4.2 angeführten Schritte im Erstkontakt mit der Anamnese und Diagnose. Zentral ist der Kontaktaufbau, die *ersten Schritte zur Beziehungsgestaltung* und damit die Festigung des Arbeitsbündnisses. Damit wird die Autonomie des Klienten gestärkt; er wird aktiv in die Problemlösung miteingebunden und für seine Ziele in die Verantwortung genommen. Die genaue *Klärung des Settings* und die Besprechung der Vorgangsweisen im Laufe der Beratung gibt die Möglichkeit, bei später tatsächlich auftauchenden Blockierungen auf das eingangs Gesagte zu verweisen und somit aus möglichen Blockierungen wieder auszusteigen. Befürchtungen, Ängste, negative Zuschreibungen an den Berater müssen möglichst sofort bearbeitet werden, da schwer gestörten Patienten an diesem Punkt der Beratung die Ambivalenzfähigkeit fehlt und Gefahr besteht, daß die Spannung in Form von Abbruch und Flucht inszeniert wird. Auftretende Abwehr- und Widerstandsformen sind als Lösungsversuche in vergangenen, oft sehr schwierigen Lebenssituationen zu verstehen und zu respektieren. Wichtig erscheint weiters die klare aktive Hilfestellung bei der Lösung von Problemen in diesem sehr weiten Betreuungssetting.

Entlastung
Bei gelingendem Kontakt treten in der zweiten Phase oft überraschend erfreuliche Schritte zur Verbesserung der Situation auf: Die Stärkung durch eine glückende Beziehung in der Beratung und die dadurch einsetzende *Ich-Stärkung* aktiviert meist brachliegende *Selbstheilungskräfte*. Hilfsquellen werden gesucht, der Betreuer erweist sich im guten Fall als verläßlich, vertrauenswürdig – Mißtrauen läßt nach. Schon die regelmäßige Aufmerk-

samkeit und stützende Begleitung kann zum Umschwung in dieser Phase beitragen im Erleben der großen Aufmerksamkeit eines anderen Menschen in der Beratungssituation.

Verarbeitung

In der dritten Phase geht es um die *Bearbeitung der zentralen* psychosozialen *Thematiken*. Es geht um das Erkennen und Umgestalten der hemmenden Verhaltensweisen und Einstellungen – die Aufgabe des Betreuers ist immer weiter begleitend, stützend, doch nun abwechselnd mit *konfrontativeren Phasen*, indem durch den Betreuer die vorbewußten Anteile der Situation angesprochen und dem Klienten zur Komplettierung seiner Wahrnehmung angeboten werden. Dies kann sehr belastend sein und starke Affekte im Klienten auslösen (siehe Kap. 1.4.3 und 2.4.1.2) – die helfende Beziehung wird ebenfalls zu einem Teil der psychosozialen Realität und damit Feld der Auseinandersetzung und des Übens von neuem Verhalten. Letztlich kann es zur Ich-Stärkung kommen durch *Verbesserung der Selbst- und Fremdwahrnehmung*, der besseren *Verarbeitungs-/Reflexionsfähigkeit* und gebesserten *Integration von Affekten in erhöhter Ambivalenzfähigkeit*. Daneben und ebenso wirksam ist das Einüben neuer Handlungsmuster in der Realität mit *veränderten/erweiterten Umgangsmöglichkeiten*. Ist die Belastung für die Klienten zu stark, wird eine Rückkehr zu entlastenderen Vorgangsweisen zu wählen sein und erneut stärkende, ressourcenorientierte Arbeit wichtig werden. Hier wird die Prozeßhaftigkeit des Verlaufes insofern deutlich, als immer wieder zwischen Entlastung, Verarbeitung und der nächsten Phase – erneute Belastung – gewechselt wird.

Erneute Belastung

Mit zunehmender Sicherheit des Klienten nimmt der Berater seine unterstützende Arbeit zurück und ermöglicht dem Klienten zunehmend *eigene, ungeleitete psychosoziale Suchbewegungen* und Experimente zur Gestaltung seiner Lebens- und Beziehungswelt. Die Problembewältigungskapazität wird so ersten

Belastungsproben in der Realität ausgesetzt und kann im Kontakt zum Betreuer bei Bedarf weiter differenziert werden.
Häufig neigen psychosozial sehr auffällige Klienten schon an dieser Stelle zum Beratungsabbruch. In der Vorahnung um kommende Trennungssituationen und auch in oft unrealistischer Selbstüberschätzung wird versucht, die gelernten oder kopierten Verhaltensmuster zu übernehmen und verfrüht alleine zu verwalten. Doch meist ist die Verantwortung für Erfolg und Mißerfolg im Umgang mit der Realität nicht wirklich übernommen. So werden bei Scheitern oft Vorwürfe an den Betreuer gerichtet („Alles Unsinn und Lüge, was Sie mir gesagt haben!") oder gegen sich selbst („ich bin zu blöd, um das Erkannte umzusetzen, mein Betreuer hat sich ja so um mich bemüht ...“). Die Elastizität der *Frustrationstoleranz* und der Umgangsformen mit neuen Situationen wird hier entscheidend Bedeutung gewinnen. Oft wird hier auch erst Enttäuschung über den Betreuer selbst geäußert, wenn starke *Idealisierungen* langsam *verblassen* und realistischeren Beziehungskonzepten Platz machen („Jetzt habe ich erkannt, daß Sie auch nur mit Wasser kochen, ich muß ja doch alles alleine machen!").

Verantwortungsübernahme

Erst jetzt wird vielen Klienten bewußt, daß sie sich selbst mit allen Konsequenzen ihres Tuns erneut der Realität aussetzen müssen. In der zunehmenden Entfernung zum Betreuer wechseln Erfolgserlebnisse („Das habe ich ganz alleine geschafft!") mit wiederaufkeimenden Ängsten, die durch den stützenden Kontakt zum Betreuer schon vergessen schienen: Selbstzweifel, Ängste, das Erlernte, Erlebte und mit dem Betreuer Geteilte nicht für sich behalten und umsetzen zu können, sind erste Anzeichen für die einsetzende *Ablösungskrise*. Die jeweils erst verunsichernden, dann aber bewältigten Situationen stärken jedoch im guten Fall die Selbstgewißheit und das Vertrauen in die eigenen Fähigkeiten. Oft kommt es in schwierigen Betreuungsfällen an diesem Punkt zu einem unvorhersehbaren *Betreuungsabbruch*:

Häufig liegt eines der drei Motive vor:
- „aus Enttäuschung resultierende Wut- und Haßgefühle gegenüber dem Behandelnden,
- extreme Idealisierung der Professionellen,
- aktive Vorwegnahme des bevorstehenden Behandlungsendes"
  (Rauchfleisch, 1966, S. 184).

Es empfiehlt sich, diese möglichen Dynamiken früh anzuspre-
chen und auch Abschied aktiv zu „üben": Abgesehen vom Aus-
dünnen der Betreuung in Frequenz und Intensität und der
betont *antiregressiven Orientierung* am konkreten äußeren
Geschehen sind auch Phasen planbar, in denen die Betreuung
ausgesetzt, quasi „probebeendet" wird. Begleitet werden diese
Phasen von der *Planung progressiver Schritte*, die Struktur
geben. Im Wiederkommen erleben Klienten oft erstmals, daß
Beziehungen nicht im „entweder ganz fest oder für immer abgebrochen" enden müssen, sondern bewußt besprechbar und
variabel gestaltbar sein können.

Lösen der Beziehung

Die Lösung erfolgt in einem geplanten und behutsamen Prozeß.
Die zukünftigen auftauchenden Probleme werden besprochen
und durchgespielt – mit der Botschaft, daß Probleme Teil des
Lebens sind und nun eventuell vermehrt als Herausforderung
und weniger als überwältigendes Ereignis verarbeitet werden
können. Zentral erscheint die Arbeit an Selbstzweifeln, Entschei-
dungsfreude, Verantwortungsübernahme und der bewußt *selbst-
stützende Umgang mit Ressourcen* und kreativen Aktivitäten zur
Ich-Stärkung. Im Vergleich des Erlebens vom Beginn der Betreuung bis zum Abschluß und einem sehr ausführlichen Blick in die
Zukunft kann der Abschied geplant und durchgeführt werden.

2.4.5 Gruppenarbeit in der psychosozialen Arbeit
2.4.5.1 Warum Arbeit in Gruppen?
Die Entwicklung des Individuums gestaltet sich in und durch
Leben in Gruppen. *„Natürliche" Gruppen* wie etwa die Kleinfa-

milie und die erweiterte Familie werden allmählich durch *geschaffene Gruppen* im Leben jedes Menschen ergänzt: Kindergarten, Schulklasse, Freundeskreis, Kollegengruppen am Arbeitsplatz ... Gruppen, die letztlich gemeinsam haben, daß eine Anzahl von Menschen sich als soziale Einheit definieren, die durch gemeinsame Interessen verbunden und im Rahmen einer absehbaren Zeitstruktur sozialen Kontakt pflegen. Unterstützende und schädigende Erlebnisse in jedem Leben sind stark durch Gruppenerlebnisse geprägt. Die heilenden Kräfte des Gruppenerlebens können als psychosoziale Intervention genutzt werden, negative Erfahrungen können durch korrigierende Erlebnisse in der Gruppe relativiert werden.

2.4.5.2 Mögliche Schwerpunkte psychosozialer Gruppenarbeit
Generell bilden sich Gruppen um einen bestimmten *Problemkreis*. Eine große Vielfalt an Thematiken wurde in den letzten 2 Jahrzehnten für die Gruppenarbeit entdeckt, z. B. Frauengruppen/Männergruppen, die die jeweiligen Rollenverhalten und daraus resultierende Konflikte und Möglichkeiten reflektieren, Gruppen für Alleinerzieher, Arbeitslose, Geschiedene, ... insgesamt Gruppen, die sich in ihrem Schwerpunkt mit *sozialen Dynamiken* und deren individueller Verarbeitung auseinandersetzen. *Psychodynamische Fragestellungen* finden sich als Schwerpunkte in der wichtigen Form der *Selbsthilfegruppen* (etwa Anonyme Alkoholiker, Bulimie-Gruppen, Gruppen für mißhandelte Frauen, Kinder), in allen *psychotherapeutisch orientierten Gruppen* und dem weiten Feld der *Selbsterfahrungsgruppen,* deren Schwerpunkt insbesonders auf die Persönlichkeitserweiterung im Gegensatz zur Heilbehandlung gestörten Erlebens und Verhaltens in der Therapie abzielt. Somatische Störungen wie etwa Gruppen für Karzinompatienten oder zuckerkranke Menschen werden ebenfalls vermehrt zum Ausgangspunkt für stützende Gruppenarbeit. Die hier benannten bio-psycho-sozialen Zugänge zur Gruppe verknüpfen in ihrer Entstehung psychosoziale Zusammenhänge mit Hilfe durch den

Gruppenprozeß (siehe Kap. 2.4.5.4). Die Größe der Gruppe richtet sich nach dem Alter der Klienten, dem Schweregrad der Störung und der Perspektive, wieweit das Gruppenerleben emotional vertieft werden soll.

Je jünger die Teilnehmer sind und je schwieriger, desto kleiner wird die Gruppe sein (3–7 Teilnehmer), sonst so groß, daß die Arbeitsweise im Kontakt zueinander angepaßt ist (Selbsterfahrung bis max. 16 Teilnehmer, eher kognitiv oder thematisch zentrierte Themen auch in Großgruppen: 20–40 Teilnehmer).

2.4.5.3 Aufgaben des Gruppenleiters

Der Leiter hat das Thema, die Vorgangsweise und die Auswahl der Gruppenmitglieder festzulegen und die Gruppe im Verlauf zu begleiten. Er muß helfen, ein vertrauensvolles Klima zu schaffen, das Ängste vor der Öffnung in der Gruppe abbaut und zur Gestaltung der jeweiligen Themen durch die Gruppenmitglieder anregen. Auf diese Weise wird Vermiedenes und Verborgenes allmählich sichtbar, leichter aushaltbar in der annehmenden Resonanz der Gruppe. Der Leiter aktiviert so die zurückgehaltenen individuellen und Gruppenkräfte. Damit wird *Lernen* möglich: Der Teilnehmer lernt über sich und seine sozialen Bezüge, gelangt zu neuen persönlichen Umgangsweisen mit sich selbst und den Anderen. Der Gruppenleiter unterstützt, klärt, konfrontiert im Gruppenprozeß.

2.4.5.4 Wirkfaktoren im Gruppenprozeß

Auf dem Hintergrund der von A. Pritz nach Yalom (Yalom, 1970) zusammengefaßten Heilfaktoren für Kurzgruppenpsychotherapie (Pritz, 1990, S. 19 ff.) lassen sich folgende förderliche Aspekte psychosozialer Gruppenarbeit benennen:

Mitteilung von Information

Der Gruppenleiter aber auch Gruppenmitglieder informieren über wichtige Sachzusammenhänge „bezüglich seelischer Gesundheit ... oder (geben, M. H.) auch direkte Handlungsanweisungen zu speziellen Lebensproblemen" (ebenda, S. 19).

Einflößen von Hoffnung
Ein zentraler Wirkfaktor in allen Gruppenprozessen. Die gegenseitige Ermutigung im Jetzt des Gruppengeschehens entwirft ein positiveres Bild der Zukunft und aktiviert die Selbstheilungskräfte.

Universalität des Leidens
Viele Betroffene erleben sich als isoliert in ihrer Problematik, oft scham- und schuldbesetzt. Dies führt zu zusätzlichen psychischen Belastungen und gehemmtem Sozialverhalten. Gelingt die Zuwendung und Öffnung zur Gruppe, so bewirkt „diese Öffnung zu den anderen hin ... eine tiefe Beruhigung durch das Aufgehobensein der Isolationsgefühle" (ebenda, S. 20).

Altruismus
Die Hilfe der Gruppenmitglieder erhöht den Selbstwert auf beiden Seiten: die Gebenden fühlen sich erneut gebraucht und die Nehmenden aufgewertet in der Zuwendung.

Förderung mitmenschlicher Verhaltensweisen
Die Teilnehmer erleben und üben die Grundvoraussetzungen kommunikativen Verhaltens: zuhören, sprechen, Respekt vor einander und sich selbst ernst zu nehmen. Durch die Sicht und Rückmeldung der anderen können sie wertvolles Verhalten verstärken und schädliches Verhalten korrigieren. Die Gruppe bietet sich für Experimente mit noch ungeübten Verhaltensweisen an, die hier angstfreier als in der Außenrealität ausprobiert werden können. Das Lernen bezieht sich auch auf den Umgang mit dem Therapeuten. Verhalten kann übernommen werden und Erweiterung der eigenen Handlungskompetenz bewirken.

Die Gruppe als besonderer Teil des sozialen Netzes
Die Teilnahme an einer Gruppe ermöglicht in Abgrenzung zur Gruppenbindung in üblichen Strukturen (insbesondere Familie und Arbeit) ein drittes Standbein im sozialen Erleben: die Bezie-

hungen der Gruppenteilnehmer untereinander haben im Leben außerhalb der Gruppe meist geringen Stellenwert und führen daher zu angstfreierem Umgang miteinander, da die Verbindlichkeit innerhalb der Gruppe bleibt: Die reale oder phantasierte Angst vor negativen Konsequenzen auf eigenes Verhalten ist herabgesetzt oder kann in der Gruppe bearbeitet werden.

2.4.5.5 Indikation und Kontraindikation für Gruppenarbeit

Leiterkompetenz, Struktur und Zielsetzung der Gruppe sind wichtige Faktoren zur Klärung, ob die Gruppe für den jeweiligen Teilnehmer förderlich sein kann. Zu kaum einer psychosozialen Fragestellung ist eine echte Kontraindikation von vornherein festzumachen.

Prinzipiell sollen Teilnehmer jedoch ein gewisses Interesse an anderen Menschen zeigen, Hoffnung bezüglich der eigenen Vorstellungen in der Gruppe hegen und motiviert durch ihre Lebensumstände sein (Leidensdruck → Veränderungswunsch). Die Bereitschaft zur Mitarbeit am Gruppengeschehen und der Impuls zur Auseinandersetzung mit seelischen Zusammenhängen im Eigen- und Fremderleben sind eine gute Basis zur Gruppenarbeit.

Kontraindiziert sind (außer in speziell modifizierten Settings) vor allem Patienten mit extremen Ängsten vor Selbst- und Fremderleben, mit mangelnder Motivation, akut selbst- und fremddestruktiven Tendenzen und aggressiv-inszenierende Klienten, die die destruktiven Anteile der anderen Gruppenmitglieder aktivieren. Solche Teilnehmer binden einerseits die Kräfte der Gruppe und sind doch kaum in der Lage, Zuwendung in diesem Rahmen produktiv zu verwerten.

2.4.5.6 Ziele von Gruppenarbeit

Mögliche Ziele zeigen sich in der Erweiterung und Entwicklung von Ressourcen der einzelnen Teilnehmer zum kompetenteren Umgang mit sich und der Umwelt, einer Stärkung der Ich-Strukturen durch verbesserte Selbst- und Fremdwahrnehmung, Erhöhung der Frustrationstoleranz und der Verringerung von einschränkenden Erlebens- und Verhaltensweisen im Angstabbau, der Korrektur verzerrter Selbst- und Fremdwahrnehmung. Die Fähigkeit, das eigene Verhalten zu reflektieren, wird verstärkt und Eigenverantwortung im Gestalten sozialer Prozesse eingeübt. Situationsadäquate Bewältigung von konflikthaften Situationen wird somit wahrscheinlicher (Luft, 1972).

2.4.6 Gemeinwesenarbeit als psychosoziale Intervention

2.4.6.1 Antwort auf Probleme größerer Lebenszusammenhänge
Gemeinwesenarbeit faßt alle Interventionsfelder zusammen, die über die Arbeit mit überschaubaren Kleingruppen hinausgeht. Wir sprechen von *territorialem Gemeinwesen* (z. B. Stadtviertel, Städte, Dörfer, Regionen, ...), *funktionellem Gemeinwesen* (z. B. Organisationen, Verbände, ...) und *kategorialem Gemeinwesen* (z. B. Jugendghettos, ethnische Gruppen, Flüchtlingslager, ...). Psychosoziale Interventionen sind sinnvoll, wenn sich Probleme aktualisieren und Impulse zur Problemlösung gesetzt werden. Dieser Prozeß kann durch den Berater unterstützt werden. Die fachliche Kompetenz wird als Unterstützung wahrgenommen und angefragt. Bleibt die Problematik unbewußt und sind lediglich Symptome des Problems erkennbar (Jugendvandalismus, Verslummung, etc.) kann auch eine Institution die Organisation der Intervention veranlassen: die Berater gehen auf das Problemfeld aktiv zu und versuchen, *Motivations- und Bewußtseinsarbeit* zu leisten. Die Gemeinwesenarbeit hat umso größere Erfolgsaussichten, je mehr die Betroffenen den Ausgangspunkt der Intervention an ihrem eigenen Bezugsfeld erleben und sich damit identifizieren können (z. B. Flüchtlingsarbeit mit Betreuern aus derselben Volksgruppe, etc.).

2.4.6.2 Ziele der Gemeinwesenarbeit
Vorrangige Aufmerksamkeit gilt der Kooperation der einzelnen Gruppierungen im bearbeiteten System. Ziel ist die verbesserte Zusammenarbeit der einzelnen Subgruppen „durch Zusammen-

führen zu tatsächlichen Gemeinschaften durch Kommunikation" (E. Singer, 1983). Ziel ist somit die effektivere Selbstorganisation der entsprechenden Gruppierung und verbesserte Aktivierung der Selbstorganisation bei neuen Anforderungen bzw. Ausfallserscheinungen im System. Als Beispiele könnten hier etwa die Arbeit in Flüchtlingslagern genannt werden oder Versuche, das Verhältnis von Polizei zu sozial auffälligen Jugendbanden zu verbessern.

Im Prozeß der psychosozialen Arbeit im Gemeinwesen gilt es zuerst die *Bedürfnisse und Ziele* festzustellen, diese zu *ordnen und koordinieren*, die *Entwicklung von Vertrauen* und *Motivation* zu fördern und die *Mobilisierung* von *inneren und äußeren Hilfsquellen* zu veranlassen zur besseren *Bedürfnisbefriedigung* der betroffenen Personen im Gemeinwesen und Erhöhung des subjektiven Wohlbefindens (siehe Kap. 2.4.6.4).

2.4.6.3 Die Funktion des Beraters

Die Rollen des Beraters wechseln zwischen *Sachverständiger, Gruppenleiter, Lenker, Organisator* und *Moderator*. In der fachlichen Begleitung ist es seine Aufgabe, Unzufriedenheit zu erfassen und zu konkretisieren, Zusammenschlüsse von Betroffenen zu fördern und die Pflege von Kontakten und Beziehungen voranzutreiben. Die Stärkung der Kooperation in der Erarbeitung gemeinsamer Ziele führt letztlich zur möglichsten *Verselbständigung des Prozesses* und zu eigenbestimmten Vorgangsweisen unter gleichzeitiger *Ablösung* des Beraters aus der Gemeinwesendynamik. Inwieweit und in welchem zeitlichen Verlauf dies möglich ist, hängt vom Stand des jeweiligen sozialen Bewußtseins, der Reife der handelnden Personen, der geglückten Planungsarbeit und dem Grad der Unterstützung im Umfeld der Intervention ab.

2.4.6.4 Der Prozeß der Gemeinwesenarbeit
Erforschung und Untersuchung gesellschaftlicher Strukturen
Unter dem Blickpunkt der Verbesserung demokratischer Prozes-

se und Verbesserung der Selbstbestimmung im Gemeinwesen werden die Phänomene und Strukturen erfaßt und in einer Bestandsaufnahme aufgelistet. Nach Erkundung und Diagnose der Situation wird ein Bestandsbild erstellt, das inhaltlich und formal die jeweils herrschenden Vorgangsweisen beschreibt.

Strukturaufbau und Mobilisierung
Die Betroffenen und unterstützende Außenkräfte werden aktiviert und deren Ressourcen verknüpft.

Aktionspläne und Zielformulierungen
Jetzt werden gemeinsame Ziele erarbeitet und Aktionspläne erstellt – die Bereitschaft zur konkreten Handlung wird gefördert und durchgespielt.

Umsetzung der Pläne
Die Flexibilität in der Vorgangsweise und auch die genaue Zieldefinition wird hier besonders wichtig. Falls die Umsetzung stockt, müssen erneut die vorgegebenen Strukturen untersucht und bewertet werden.

Auswertung
Die Ergebnisse werden mit den Ausgangsvorstellungen verglichen und bewertet. Hypothesen zu gelungenen und mißlungenen Vorgangsweisen werden gebildet und überprüft. Die Ergebnisse der Auswertung werden allen Teilnehmern zur Verfügung gestellt und können Ausgangspunkt weiterer Interventionen werden.

2.5 Hilfe für die Helfer

2.5.1 Psychosoziale Arbeit im Team
Die hohen Anforderungen in der Arbeit mit Klienten mit psychosozialer Problematik hat den Zusammenschluß in Teams in den letzten Jahren sehr gefördert. Die Vernetzung in Helfer-

gruppen gleicher oder verschiedener Professionen nützt die weiter oben beschriebenen positiven Kräfte der Gruppe zur Stütze und Selbstreflexion für die Berater (siehe Kap. 2.4.5.4).

Ziele der Teamarbeit

Vorrangig geht es um die Optimierung der Bearbeitung eines Sachgebietes durch zielgerechtes Vorgehen. Das Team *fördert die Selbsterfahrung* des professionellen Helfers durch Rückmeldung zu dessen Arbeit und verstärkt so die Selbstsicherheit des Beraters. Die *Erweiterung des Wissens* erfolgt im kollegialen Austausch durch Vermittlung von Erfahrung und die Möglichkeit, verschiedene Sichtweisen zu integrieren. Das Team bildet sowohl fachliches Korrektiv als auch emotionale Stütze z. B. bei Überbelastung oder offenen Fragen in beruflichen Situationen.

Voraussetzung zur Teamarbeit

Die Bereitschaft der einzelnen Teammitglieder, sich in den Teamprozeß einzulassen und Kraft, Fähigkeit und Wissen zur Verfügung zu stellen, ist Grundvoraussetzung für den Synergieeffekt in der Gruppe. Jedes Teammitglied weist sich durch bestimmte *fachliche und persönliche Qualifikation* aus. Die Grundhaltung der Teammitglieder zueinander benötigt dieselben Qualitätsmerkmale wie in beratenden Situationen: Die Fähigkeit zuzuhören, Bemühen um nicht-wertende Haltung, Konstanz in der Beziehung, Bereitschaft zu ehrlicher Kontaktaufnahme, wertschätzende Umgangsformen und die Einhaltung von Rahmenbedingungen zur Teamarbeit. Hierarchisierende Tendenzen müssen kritisch hinterfragt und immer wieder zu mehr Selbständigkeit und der Bereitschaft führen, eigenes Verhalten selbstkritisch zu beurteilen. Die Konsequenz in der Umsetzung der getroffenen gemeinsamen Entscheidungen und die Experimentierfreudigkeit im Team als sich entwickelnde Organisationseinheit werden über die Qualität und förderlichen Effekte des Teams auf die einzelnen Mitglieder entscheiden.

2.5.2 Supervision psychosozialer Tätigkeit
Was meint Supervision?
Supervision versteht sich als Lehr- und Lernprozeß zwischen einem psychosozial Tätigen und einem fachlich kompetenten Gesprächspartner („Supervisor"), der aus seiner Außensicht hilft, das Erleben des Beraters, seines Klienten und der Interaktion zwischen beiden im Kontext des Geschehens im Sinne des Wortes (supervidere) „von oben (anzu)schauen". Dieses Supervisionsverhältnis ist zeitlich begrenzt und bezieht sich auf die fachliche Praxis (Fallsupervision) oder auch soziale Praxis im Team (Teamsupervision).

Ziel der Supervision
Die Integration von Theorie (Methoden/Konzepte) und Praxis (Fallbericht/Arbeitsfeld/Institution) zeigt sich als Hilfsmittel zur Entwicklung einer *„beruflichen Persönlichkeit"*. Die Haltungen und Einstellungen zur Arbeit können in der Supervision als effektives Vorgehen entwickelt werden und dienen somit der Erweiterung der Fähigkeiten des Beraters. Wichtige Themen sind die Bearbeitung eigener, unbewußter Gefühlsregungen und Konzepte, die den Arbeitsauftrag behindern und die Beratung erschweren; weiters verbesserte Abgrenzungs- und Differenzierungsfähigkeit im Beratungsprozeß und Vermehrung des Wissens über sachliche Zusammenhänge. Die Supervision stellt den Berater und sein persönliches Erleben in der „Beziehungsarbeit" in den Mittelpunkt. Damit auch Ängste, Probleme und Krisen des Beraters besprechbar sind, bedarf es eines vertrauten Umgangs mit dem Supervisor in der Einübung des beruflichen Verhaltens. Unabdingbar ist dabei die Unabhängigkeit des Supervisors von der Dienststelle, um eine Öffnung zum Eigenerleben des Beraters zu ermöglichen und Kontrollfunktion möglichst hintanzuhalten (Supervision durch einen institutionsinternen Mitarbeiter ist immer auch Fachaufsicht!). Eine zu große Nähe des Supervisors zur Arbeitsstelle oder einzelnen Teammitgliedern provoziert Rollenvermischungen und damit Verunsiche-

rung, die den Supervisionsprozeß schwer beeinträchtigen würden.

2.6 Prävention: Exemplarische Anwendungsformen psychosozialer Intervention

Prävention als Handlungsstrategie

Psychosoziale Interventionen resultieren meist aus konflikthaft erlebten individuellen Situationen (siehe Kapitel 1.4.3) oder aus Verhalten, das gesellschaftlich sanktioniert wird. Dabei muß dieses Verhalten nicht unbedingt als konflikthaft seitens der auslösenden Person in der Intervention erlebt werden (z. B. bei Mißbrauch und Gewaltdelikten in der Familie ist sich der Täter eventuell keines schuldhaften Verhaltens bewußt).

Oft werden Problemsysteme erst erkannt und behandelbar nach bereits sichtbar werdenden und Wirkung entfaltenden pathologischen Effekten – Schädigung ist bereits in großem Maß eingetreten. Hier geht es in der „Tertiärprävention" darum, Spätfolgen soweit möglich hintanzuhalten, ein Fortschreiten der krankmachenden psychischen/sozialen Situation zu verhindern und kompensatorisch Hilfen für bereits (oder noch) fehlende Anteile im Lebensfeld zu geben. Hier sind alle Maßnahmen der Rehabilitation gemeint – z. B. für psychisch Kranke; bei Wiedereingliederung ins Berufsfeld etwa nach einem Unfall mit Spätfolgen; Schuldnerberatung bei größten finanziellen Schwierigkeiten, etc. Ziel ist vor allem die Kompensation fehlender psychischer Fähigkeiten oder/und sozialer Defizite im Beziehungsfeld, der Wohn-/Arbeitssituation und der materiellen Lebensbasis.

Die „Sekundärprävention" zielt vor allem auf die Früherkennung von Mängeln und krankmachenden psychosozialen Prozessen ab. Helfer in psychosozialen Berufen warten nicht auf den Handlungsauftrag nach erfolgter Schädigung und Entgleisung bei Individuen oder auch Gruppen (z. B. Problemfamilien, Jugendgruppen wie z. B. Skinheads), sondern versuchen vorbeugend im Frühstadium des Geschehens einzugreifen und gegensteuernde Maßnahmen zu treffen (z. B. Familienintensivbetreuung durch familientherapeutisch geschulte Sozialarbeiter oder Betreuung von jugendlichen Problemgruppen durch Streetworker, die in den Lebensraum der Betroffenen mitgehen und als Ansprechperson zur Verfügung stehen). Hier herrscht kaum Einsicht in die eigene Problemlage der betroffenen Personen/Gruppen. Motivationsarbeit und Hilfe zur verbesserten Einsicht in eigene Problemlagen bzw. Aktivierung von Ressourcen stehen hier im Vordergrund.

Die Adressaten der *„Primärprävention"* sind gesunde Menschen und hat die „Vermeidung von (psychosozialen, M. H.) Krankheitsursachen und somit die Erhaltung und die Verbesserung der Gesundheit zum Ziel" (Stemberger, 1994, S. 17).

Hier ist vor allem Aufklärungsarbeit über förderliche/krankmachende Prozesse besonders im weiten Feld der Erwachsenenbildung sowohl im staatlichen, privaten und kirchlichen Bereich anzuführen im Sinn einer „spezifischen Primärprävention" zu bestimmten Lebensfeldern (Gesundheit, Beziehung, Arbeitswelt, etc.) als auch unspezifische Primärprävention etwa in Stadtteilarbeit zur Verbesserung der Lebensverhältnisse, Aufbau verbesserter Information zu psychosozialen Fragen, etwa Informationsbroschüren, Gesundheits- und Sozialkampagnen in den Medien etc.

So wünschenswert hier eine vermehrte vorbeugende Behandlung in der Primär- und Sekundärprävention wäre, scheitern Ansätze hier einerseits an der mangelnden Motivation der Betroffenen und auch der Geldgeber, die noch keinen „Handlungsbedarf" erkennen können. Erst allmählich erfolgt hier ein Umdenken – etwa in der vorsorgenden Sexualberatung zu Schwangerschaft und Aids, die enorm kostenmindernd wirken kann oder der Erziehungs- und Familienberatung, die die Folgen einer krisenhaften Situation mindern/hintanhalten kann (Gewalt/strafrechtliche Verfolgung, Heimeinweisungen, Schulabbrüche, …). Erste Schritte zur Reform in Richtung Vorsorge zeigen auch private Versicherungsträger, die die Kostenminimierung in der vorbeugenden Behandlung anerkennen (Maßnahmen zur

Dimension der Persönlichkeit		Leiblichkeit	Soziales Netzwerk	Arbeit und Leistung	Materielle Sicherheit	Sinn
Formen der Prävention		z. B. Thema: Alkohol	z. B. Thema: Familienplanung/ ungewollte Schwangerschaft	z. B. Thema: Arbeitsplatzsicherung	z. B. Thema: Finanzielle Ressourcen	z. B. Thema: Zufriedenheit
1. Primäre Prävention	Adressat: Der gesunde Mensch	Antialkohol-kampagne/Verbot der Alkoholwerbung/ Aufklärung in Betrieben, Schulen, Verbot von Alkohol in bestimmten Gebäuden (Spitäler, ...)	Info-Broschüren: Familien-Sozialministerium, gesetzl. Schutz/ finanzielle Absicherung durch Sozialversicherung, Familienberatungsstellen, Sexualberatungsstellen, Selbsthilfegruppen/ Frauen/Männerberatung, ... ärztl. Dienste	Weiterbildung/ Umschulung/ Verbesserung des Arbeitsplatzes	Alle Formen der materiellen Vorsorge im privaten Bereich und Umfeld	kreative Betätigung, Erweiterung des Niveaus im Wissen, Erleben, Gestalten, Sichern eines zufriedenen Lebensgefühles
2. Sekundäre Prävention	Adressat: Der vorgeschädigte Mensch	Alkoholgebrauch gegeben: Aufklärung zum Alkoholgenuß durch Ärzte und andere Gesundheitsdienste, Gesundenuntersuchung, Beratung durch Sozialdienste, Beratungstage in Gesundheitsämtern/ Jugendämtern/Betriebsärzte	Schwangerschaft eingetreten: Kriseninterventionszentren, Beratungsstellen, Jugendämter, ärztlicher Fachdienst	Arbeitsplatzverlust: Sozialarbeit in der Arbeitsmarktverwaltung/materielle Hilfe/ideelle Hilfe/ Aktivierung des sozialen Netzwerkes/ Umschulung, Gruppentraining	Zahlungsprobleme: Schuldnerberatung, Planung des möglichen Umgangs-	Unzufriedenheit: Klärung in Beratung, Felder der Veränderung entwickeln, konkrete Schritte sehen, Selbsterfahrungsgruppe
3. Tertiäre Prävention	Adressat: Der Mensch mit Spätfolgen	Irreparable körperliche/ soziale Schädigungen Rehabilitation ambulant/stationär Psychotherapie/Selbsthilfegruppen/Wiedereingliederung nach Arbeitsverlust	Traumatische Verarbeitung; Geburt oder Abort Psychotherapie/ Selbsthilfegruppen/ medizinische Maßnahmen	Langzeitarbeitslosigkeit Sozialbehauptungstraining/Krisenintervention/Psychotherapie (stützende Beratung)	Zahlungsunfähigkeit Privatkonkurs/Krisenintervention/Aktivierung des Umfeldes/Planen realistischer Vorgangsweisen, längerfristige Beratung	Sinnlosigkeitsgefühl medizinische Betreuung, psychiatrische Unterstützung, Psychotherapie, evtl. stationäres Setting

Abb. 12: *Präventive Handlungsansätze anhand der fünf Identitätsdimensionen (Kap. 1.4.2 und Abb. 7)*

Gesunderhaltung, Selbsterfahrungsgruppen, Förderung eines gesünderen Lebensstils).

Das Netz der in der psychosozialen Gesamtversorgung integrierten Berufsgruppen und Institutionen hat hier auch einen politischgesellschaftlichen Auftrag: Die Sensibilisierung der Bevölkerung und politische Durchsetzung von Maßnahmen in Richtung Prävention gegen die oftmalige Irrationalität der Gesellschaft im Umgang mit abweichendem Verhalten. Kostenvermeidung und Nachhaltigkeit der gesetzten Maßnahmen werden als sozial-ökologische Fragestellungen neben den bio-ökologischen Problemen unserer Gesellschaft zunehmend Bedeutung gewinnen.

Psychosoziale Intervention kann an jedem Punkt des individuellen Lebens sinnvoll sein (siehe Kap. 1.4.2 und 1.4.3). Selbstverständlich hilft frühes, zielgerichtetes Eingreifen, Folgeschäden hintanzuhalten, den Konfliktprozeß zu verkürzen und abzuflachen. Je adäquater interveniert werden kann, desto besser sind die Selbstheilungskräfte der Person, der Gruppe, des Gemeinwesens noch aktivierbar (siehe Kapitel 2.4). Ziel muß die Verschiebung psychosozialen Leidens hin zur primären Prävention also zur Vermeidung dieses Leids sein. In Abb. 12 wird exemplarisch für ausgewählte Bereiche der verschiedenen Dimensionen des Individuums im Anschluß an das „Modell der 5 Säulen der Identität" (siehe Kap. 1.4.2) jeweils ein Interventionsangebot in Anwendung des Schemas von Abb. 7 (Kooperation von medizinischen und Sozialdiensten) benannt.

2.7 Ausblick auf den weiteren Stellenwert psychosozialer Arbeit

Obwohl zur Bedarfserhebung für psychosoziale Hilfe immer wieder politische Vorstöße von Betroffenen oder unterstützenden Gruppen gemacht werden, erweist sich unser Gesundheits- und Sozialsystem als träge in der Beantwortung neuer Fragestellungen. Paradoxerweise fließt das meiste Geld in den Bereich der tertiären Prävention – mit den höchsten volkswirtschaftlichen Folgekosten:

Der Klient muß erst radikal auffällig werden, bevor eingegriffen und Hilfe möglich wird. Ein *psychoökologisches Bewußtsein* wird Einkehr halten müssen: Nur die Investition in die Vermeidung von Leid und Chronifizierung psychosozialer Leidenszustände kann letztlich die Kostensteigerung im Gesundheits- und Sozialbereich bremsen. Einer der Gründe für das zähe Festhalten am alten Versorgungsmodell im faktischen Leid ist die übliche Form der Verrechnung im Dienstleistungssektor: bezahlt wird für die Reparatur/Substitution von Leid, nicht für vorbeugendes Eingreifen, zumal auch „der verhinderte Lawinenabgang schwer zu beweisen und sicher keine Schlagzeile" ist. Erst die Minderung der finanziellen Ressourcen im Sozialbereich hat die *Debatte zur Qualitätssicherung* in den psychosozialen Bereich getragen. Die Frage der *Nachhaltigkeit* von Beziehungsarbeit ist zu wenig dokumentiert – hier besteht die Gefahr, daß nicht mehr Vorsorge in der Primärprävention geleistet wird, sondern die ohnehin nur mangelnde Versorgung von Langzeitkranken im umfassenden psychosozialen Sinn noch weiter ausgedünnt wird.

Als weiteres Problem stellt sich die *mangelnde Homogenität der vertretenen Berufsgruppen* dar, die eine Koordination der Erfordernisse schwer entstehen läßt; zu verschieden sind die Formen des Selbstverständnisses und der Identifikation. Die Randständigkeit der sozialen Gruppen repräsentiert sich auch in der *Marginalisierung der betreuenden Berufsgruppen* und deren *mangelnde Verwissenschaftlichung* helfender Berufe als eigenständige Form der Humanwissenschaften.

Die Vernetzung der Beratungs- und Betreuungsdienste und eine Erhöhung der Grundkompetenz (Einführung von Fachhochschulen im Gesundheitswesen) sind wichtige Schritte zur Verbesserung der wenig befriedigenden Situation.

Der erweiterte Einsatz von Instrumenten der Sozialforschung könnte den Bedarf und die Handlungsmöglichkeiten im psychosozialen Feld dokumentieren und Ansatz zur politischen Durchsetzung von Bedürfnissen sein – gerade in einer Zeit restriktiver Sozialpolitik.

Krisenintervention – eine psychosoziale Interventionsform

C. Schnieder-Stein, W. Till

Krisensituationen gibt es im Leben jedes Menschen. Die meisten Krisen werden von den Betroffenen ohne Inanspruchnahme professioneller Hilfestellungen bewältigt. Trotzdem werden Angehörige helfender Berufe, die im psychosozialen, im psychotherapeutischen, im medizinischen oder im pädagogischen Bereich tätig sind, sehr oft mit Krisen ihrer Klienten konfrontiert. Deshalb ist es angezeigt, die Bereiche „Lebenskrisen" und „Krisenintervention" bei einer Darstellung psychosozialer Interventionsformen gesondert hervorzuheben.

1. Lebenskrisen

1.1 Begriffsbestimmung

Der Begriff „Krise" wird sowohl in Alltags- als auch in Fachdiskursen oft und für verschiedenartige Zustände und Vorgänge gebraucht. Er wird ebenso für gesellschaftliche und politische Phänomene wie für individuell psychologische verwendet. Wir beschäftigen uns hier ausschließlich mit letzteren. Die wissenschaftlich psychologische Thematisierung von Lebenskrisen wurde maßgeblich von der Diskussion folgender Themen beeinflußt: *Traumatisierungen* und deren Folgen; *Verlust* und *Trauer*; *Krisen in der individuellen Entwicklung*. Zu den wichtigsten „Krisentheoretikern", die grundlegende Beiträge erbracht haben, gehören Erich Lindemann, Gerald Caplan und Erik H. Erikson. Der Psychoanalytiker Erikson (1959) hat sich mit universellen krisenhaften Phasen im menschlichen Leben beschäftigt. Lindemann (1944, 1985) hat – vor allem mit seiner Untersuchung über Trauerreaktionen von Hinterbliebenen der Opfer einer Brandkatastrophe – versucht, Reaktionen auf traumatische Erlebnisse empirisch zu untersuchen. Er unterschied zwischen normaler und pathologischer Trauer und nahm dabei auf Freuds Überlegungen (1917) über unterschiedliche Formen der Bewältigung von Verlusten Bezug. Caplan (1964) hat auf die Bedeutung von psychosozialen Interventionen in Krisensituationen hingewiesen, um Erkrankungsrisken vorzubeugen. Seine Initiativen für eine gemeindenahe Gesundheitsfürsorge in den 60er Jahren in den USA können als Grundlage für moderne Krisenintervention und auch für die Gründung von Kriseninterventionszentren in Europa angesehen werden.

Um die Frage zu beantworten, was psychosoziale Krisen sind, wollen wir nicht eine der – meist – kompliziert klingenden Definitionen zitieren, sondern einige Merkmale aufzählen, die in der Fachliteratur ziemlich übereinstimmend als *Charakteristika für Lebenskrisen* angeführt werden:

1. Das Individuum wird in seiner momentanen Lebenssituation mit Neuem konfrontiert; es kann dies aber nicht bewältigen.
2. Beim Betroffenen entsteht ein Gefühl von Überforderung, das er als unangenehm erlebt; seine Homöostase ist daher gestört.
3. Dieser Vorgang ist zeitlich begrenzt.
4. Während dieser Zeit ereignen sich wichtige Weichenstellungen für die Zukunft, die sowohl in negativer (Gefahr, Fehlentwicklung) als auch in positiver Richtung (Chance, Weiterentwicklung) erfolgen können.

1.2 Krisenmodelle

Basierend auf klinischen Erfahrungen und theoretischen Überlegungen wurde im Laufe der Zeit eine Vielzahl von Krisenmodellen entwickelt. Die wichtigste Unterteilung, an der sich viele Autoren orientiert haben, ist die in Krisen im Zuge entwicklungsbedingter Prozesse und in Krisen im Gefolge belastender Lebenssituationen. Wir haben drei unterschiedliche Modelle als Beispiele ausgewählt, die wir in der Folge näher vorstellen.

Erikson (1959) hat – wie bereits erwähnt – ein *entwicklungspsychologisches Modell* entworfen; dabei steht für ihn die Persönlichkeits- und Identitätsentwicklung im Zentrum. Laut Erikson durchlebt jeder Mensch während des gesamten Lebenslaufs bestimmte Phasen, in denen er mit neuen existentiellen Aufgaben konfrontiert wird. In diesen krisenhaften Zeiten dominiert jeweils ein Grundkonflikt, der gelöst werden und zu einer neuen Stufe der Identitätsentwicklung führen sollte. Erikson beschreibt diese phasenspezifischen Konflikte anhand zweier Pole, die die Entscheidungsmöglichkeit für das Individuum bzw. die Möglichkeit zur Weiter- oder Fehlentwicklung aufzeigen. Die acht Entwicklungsstufen und die dazu gehörigen Konflikte sind:

- Säuglingsalter: Grundvertrauen gegen Mißtrauen. (In dieser Phase sind „Etwas Bekommen" und „Einverleibung" die dominierenden sozialen Verhaltensweisen. Die Identitätsentwicklung läßt sich mit dem Satz „Ich bin, was man mir gibt" beschreiben. Vertrauen kann der Säugling nur dann erwerben, wenn er sich auf seine Versorger in der Umwelt verlassen kann. Gibt es in dieser Phase ungelöste Konflikte so kann das zu Urmißtrauen führen und die Basis für schwere psychische Störungen bilden.)

- Kleinkindalter: Autonomie gegen Scham und Zweifel. („Ich bin , was ich will". Die wichtigsten psychosozialen Modalitäten sind Festhalten und Loslassen. Das Kleinkind gewinnt Kontrolle über seine Muskeln und damit ein dauerndes Gefühl von Autonomie. Versagt das Kind bei diesen Aufgaben bzw. vermittelt ihm seine Umwelt, daß es nicht erbringt, was man von ihm verlangt, wird Scham und Zweifel im Vordergrund des Erlebens stehen.)

- Spielalter: Initiative gegen Schuldgefühl. („Ich bin, was ich mir zu werden vorstelle". In dieser Phase geht es um spielerische Aktivitäten, Sich-Identifizieren mit den Eltern, um ödipale Konflikte, Gewissensbildung und damit auch um das Erleben von Schuldgefühlen.)

– Schulalter: Werksinn gegen Minderwertigkeitsgefühl. („Ich bin, was ich lerne": Das Kind hat die Möglichkeit sich in der Schule Anerkennung zu verschaffen, indem es Leistungen vollbringt.)

– Jugendalter: Identität gegen Identitätsdiffusion. („Ich bin einer, aus dem etwas wird". Pubertät, rasches Wachstum und beginnende Geschlechtsreife sind die wesentlichen Prozesse. Der Jugendliche versucht seine soziale Rolle zu festigen. Cliquenbildung und rasch wechselnde (Über-)Identifikation mit Idolen kommen vor und können Gefahren beim Prozeß der Identitätsetablierung darstellen.)

– Frühes Erwachsenenalter: Intimität gegen Isolierung. (Festigung der Identität ist die Voraussetzung für Intimität mit einem Partner. Erscheinen die Einflüsse anderer Menschen zu gefährlich für die eigene Person zu sein, erfolgt Distanzierung; diese kann Isolation zur Folge haben.)

– Erwachsenenalter: Generativität gegen Selbstabsorption (Stagnation). (Zentrale Aufgaben sind Kreativität und Produktivität in der Erziehung von Kindern und im Beruf.)

– Höheres Erwachsenenalter: Integrität gegen Lebensekel. (Mit Integrität meint Erikson so etwas wie „Alterswürde" – Annehmen des Alterns, Ausgeglichenheit. Dem steht Unzufriedenheit mit dem eigenen Leben – Lebensüberdruß, Todesangst, Selbstverachtung – gegenüber.)

Die Bedeutung des Eriksonschen Modells für die Praxis besteht darin, daß es Lebenskrisen in einem weiteren Kontext, nämlich in dem der gesamten Lebensspanne, besser verständlich werden läßt.

Goll und Sonneck (1995) unterscheiden in Anlehnung an Cullberg (1978) und Caplan (1964) nach der Plötzlichkeit des Auftretens des Krisenanlasses und nach der Bedeutung, die diesem allgemein zugeschrieben wird, traumatische und Lebensveränderungskrisen. Bei den Erstgenannten handelt es sich um Situationen, die plötzlich eintreten, schmerzlicher Natur sind und damit eine starke Bedrohung für das Individuum darstellen. Dazu gehören zum Beispiel der Tod eines nahestehenden Menschen, Ausbruch einer schweren Erkrankung, massive soziale Kränkungen, plötzlicher Verlust des Arbeitsplatzes und Mißhandlungen. Im Gegensatz dazu handelt es sich bei Lebensveränderungskrisen um Situationen, die generell zum Leben gehören, von vielen Menschen primär als positiv erlebt werden und trotzdem auf Grund von Überforderung zur Krise werden können (z. B. Geburt eines Kindes, Wohnungswechsel, berufliche Beförderung, Pensionierung). Diese beiden Arten von Krisen verlaufen unterschiedlich. Der typische Verlauf von *traumatischen Krisen* sieht nach *Cullberg* (1978) folgendermaßen aus:

1. Schockphase: Eine Auseinandersetzung mit der schmerzlichen Realität wird vermieden, da die Reizanflutung zu massiv ist. Betäubungsähnliche Zustände und/oder ziellose Aktivitäten sind vorherrschend. Eine vernunftsmäßige Bearbeitung des Krisenauslösers ist während dieser Phase nicht möglich.
2. Reaktionsphase: Der Betroffene versucht die schmerzliche Realität unter zeitweiligem Einsatz von Abwehrmechanismen (Verleugnungen, Rationalisierungen etc.) zu integrieren. Es besteht die Gefahr von Fixierungen und Chronifizierung.
3. Bearbeitungsphase: Es erfolgt eine allmähliche Loslösung vom Trauma und eine Ausrichtung auf Gegenwart und Zukunft.
4. Neuorientierung. Im Idealfall entsteht beim Betroffenen das Gefühl durch das Erleben und Bearbeiten des schmerzlichen Ereignisses Lebenserfahrung gewonnen zu haben.

Die Schockphase hält nur wenige Stunden bis Tage an. Das akute Stadium (Schockphase und Beginn der Reaktionsphase) dauert maximal einige Wochen. Der Ablauf aller Phasen kann ein Jahr in Anspruch nehmen.

Der Verlauf von *Veränderungskrisen* wurde von *Caplan* in exemplarischer Weise ausgeführt:

„1. Phase: Die auf den Reizeinfluß zurückgehende erhöhte Spannung verlangt nach den üblichen, gleichgewichtsregulierenden Problemlösungsreaktionen.

  2. Phase: Mißerfolg und Fortdauer der Reizsituation führen zu Spannungsanstieg und zu einem Stadium der Erregung und Hilflosigkeit.

  3. Phase: Weiterer Spannungsanstieg wirkt als ein mächtiger innerer Anreiz im Hinblick auf die Mobilisierung innerer und äußerer Ressourcen. Alle Kraftreserven und Problemlösungsmechanismen für Notfälle werden aktiviert." Dies kann zu folgenden Möglichkeiten führen: Bewältigung des Problems, Neudefinition des Problems, aktive Resignation (bestimmte Zielaspekte werden aufgegeben).

„4. Phase: Wenn das Problem andauert und durch Bedürfnisverzicht oder Wahrnehmungsverzerrung weder lösbar noch vermeidbar ist, dann steigt die (emotionale) Spannung über eine weitere Schwelle hinaus an, und die Belastung wächst allmählich bis zum Zusammenbruch. Dabei kann eine größere Desorganisation mit dramatischen Folgen eintreten." (Caplan, 1964; zitiert nach Ulich, 1987, 32 f.).

Der Ablauf der Phasen der Veränderungskrisen kann von einigen Tagen bis zu einigen Wochen dauern, wobei die vierte Phase den Höhepunkt der Krise darstellt.

Die Modelle von Cullberg und Caplan sind für die Praxis insoweit von Nutzen, als sie Orientierungshilfen geben für die Wahl von Interventionen, die den jeweiligen Krisenphasen adäquat sind.

Zu den eben ausgeführten Überlegungen über die Abläufe von Krisen weisen wir abschließend und nachdrücklich darauf hin, daß die vorgestellten Modelle idealtypische Kategorisierungsversuche sind, die die Wirklichkeit nur annäherungsweise erfassen können. Sie bergen die Gefahr in sich, die Illusion zu erzeugen, daß man ausreichende Informationen über die jeweiligen Krisen besitzen würde; dadurch könnten individuelle Unterschiede zu wenig Berücksichtigung finden. Aus diesem Grund erwähnen wir hier noch diejenigen Aspekte, die neben *Krisenanlaß* und *Krisenverlauf* für das Verständnis von Krisen und für die Wahl der richtigen Interventionen von wesentlicher Bedeutung sind. Nach Sonneck (1995) sind dies: die *subjektive Bedeutung*, die die Krise für den Betroffenen hat (z. B. Verlust eines nahestehenden Menschen, zu dem eine sehr ambivalente Beziehung bestanden hat), die *individuelle Anfälligkeit für Krisen* (z. B. für den Betroffenen stellt jede geringfügige Lebensveränderung eine massive Verunsicherung und Überforderung dar und wird daher für ihn zur Krise) und die *Reaktionen der Umwelt* auf die Krise (z. B. Angehörige reagieren auf den Ausbruch einer Krankheit mit vermehrter Zuwendung und Unterstützung oder mit Rückzug).

2. Krisen und Gefährdungen

Krisen stellen Situationen dar, in denen die affektive Belastung sehr groß ist. Daher ist das Risiko groß, daß es zu destruktiven, irreversiblen Handlungen kommt oder krankhafte Entwicklungen beginnen. An dieser Stelle soll auf diese Gefährdungen hingewiesen werden.

2.1 Fremdgefährdung

In einer Situation höchster emotionaler Spannung ist die Gefahr von impulsiven, scheinbar entlastenden gegen andere oder sich selbst gerichteten aggressiven Handlungen besonders groß. Die physische Gefährdung fremder Personen kann eine sofortige Verschärfung der Krise für alle Beteiligten – Täter wie Opfer – bewirken (z. B. durch die Folgen einer polizeilichen Anzeige oder einer Krankenhauseinweisung der mißhandelten Person). Das Risiko aggressiver Handlungen ist aber auch darin zu sehen, daß durch Bedrohung oder tatsächliche Gewaltanwendung unerwünschte oder beängstigende Verhaltensweisen des Partners (z. B. der Vollzug einer Trennung) unterdrückt werden. Vordergründig wird durch diese Art der versuchten Problemlösung die Krise zunächst entschärft. Der Betroffene kann es in der Folge für überflüssig halten, sich mit dem Konflikt und den damit verbundenen Fragestellungen weiter auseinanderzusetzen. Eine an sich unerträgliche Situation wird beibehalten.

2.2 Suizidalität

Da Suizidgefahr wegen der Irreversibilität der Handlung in besonderem Maße beachtet werden soll, wird hier auf diese Gefährdung ausführlicher als auf andere eingegangen.

2.2.1 Grundsätzliches

Jeder Mensch kann suizidale Phantasien und Phasen entwickeln. Besonders häufig geschieht dies im Rahmen einer akuten Krise. Überlegungen zur Frage der Suizidalität weisen über eine rein medizinisch-psychologisch-psychotherapeutische Betrachtung hinaus zu philosophischen und ethischen Fragestellungen. Dies auszuführen würde allerdings den Rahmen dieser Darstellung sprengen. Eine scharfe Trennung zwischen dem Suizid als Endpunkt einer krankhaften Entwicklung und dem Bilanzsuizid als Ausdruck menschlicher Freiheit ist nicht möglich. Jede versuchte oder durchgeführte Selbsttötung wird mehr oder weniger Elemente von beidem haben. Eine einseitige Pathologisierung oder Ausgrenzung ist wenig hilfreich. Vielmehr muß jedesmal aufs Neue nach dem individuellen Hintergrund gefragt werden und mit dem Klienten gemeinsam versucht werden, die Bedeutung der Phantasien und Handlungen zu verstehen. Jede Suizidankündigung ist zunächst als Hilferuf ernst zu nehmen.

2.2.2 Abschätzung von Suizidalität

Zu den verantwortungsvollsten Aufgaben des mit suizidalen Menschen Arbeitenden gehört es, eine Suizidgefährdung realistisch einschätzen zu können. An dieser Stelle sollen konkrete Hinweise zu diesem Thema gegeben werden. In der individuellen Situation wird allerdings immer ein Rest von Unsicherheit und damit möglicherweise auch von Angst um den Klienten bestehen bleiben.

Basale Suizidalität, d. h. das Vorliegen erhöhter Risikofaktoren im allgemeinen oder die Zugehörigkeit zu einer Risikogruppe (Alkohol-, Drogen- und Medikamentenabhängige, Depressive, Alte und Vereinsamte, Menschen, die Suizide ankündigen, Menschen mit Suizidversuchen in der Vorgeschichte), gibt nur im Zusammenhang mit *aktueller Suizidalität* (z. B. im Rahmen einer akuten Krise) einen Hinweis auf eine erhöhte momentane Gefährdung.

Jeder suizidalen Handlung geht in der Regel ein mehr oder weniger langer Zeitraum voraus, in dem einander unterschiedlichste psychische Tendenzen ablösen. Pöldinger (1968) spricht in diesem Zusammenhang von der *suizidalen Entwicklung* und unterscheidet drei Stadien. Im Stadium der Erwägung wird die Möglichkeit, die Probleme durch einen Suizid zu lösen erstmals ins Auge gefaßt. Der Betroffene spricht zunächst oft nur ganz im allgemeinen über Suizid. In der Folge nimmt der innere Kampf zwischen konstruktiven und destruktiven Tendenzen mit starker Ambivalenz und hoher emotionaler Spannung zu; man spricht vom Stadium der Abwägung. Die Suizidgedanken können in Form von Andeutungen (z. B. „alles ist sinnlos") oder Ankündigungen als Vorhersage oder als Drohung der Umwelt mitgeteilt werden. Die Bereitschaft, Hilfe anzunehmen ist in dieser Zeit auf Grund der intensiven Verzweiflung meist sehr groß. Farberow (1961) spricht vom „Cry for help", den es nicht zu überhören gilt. Bleibt die Krise ungelöst, wird der Entschluß gefaßt, sich das Leben zu nehmen. Im folgenden Stadium der Entscheidung tritt eine Beruhigung, eine vermeintliche Besserung im Zustand des

Betroffenen ein. Die unerträgliche Spannung nimmt ab, da die Ambivalenz weitgehend wegfällt. Dies wird von der Umgebung oft im Sinne einer wirklichen Besserung mißverstanden. Da es meist keine direkten Ankündigungen mehr gibt, müssen indirekte Hinweise auf eine Suizidvorbereitung wie das Verfassen eines Testamentes umso mehr beachtet werden. Insbesonders dann, wenn ängstliche und depressive Menschen, an deren äußerer schwieriger Lebenssituation sich eigentlich nichts geändert hat, plötzlich ruhig und gefaßt wirken, sollte nochmals das Gespräch mit dem Betroffenen gesucht werden; denn dann ist dieser von sich aus oft nicht mehr in der Lage, Hilfe zu fordern.

Das *Präsuizidale Syndrom* (Ringel, 1953) geht beinahe jeder suizidalen Handlung voraus und stellt somit ein äußerst wichtiges diagnostisches und prognostisches Hilfsmittel dar. Es ist charakterisiert durch:

– Zunehmende Einengung: Die persönlichen Handlungsmöglichkeiten als Folge äußerer Umstände oder eigenem Verhalten werden eingeschränkt (situative Einengung). Die Apperzeption und die Assoziationen bewegen sich nur in eine Richtung (dynamische Einengung). Es dominieren Gefühle von Angst, Depression, Hoffnungslosigkeit und Verzweiflung (affektive Einengung). Der Betroffene zieht sich unter gleichzeitiger Entwertung seiner Beziehungen zurück. Auf der anderen Seite nimmt die gefühlsmäßige, aber auch die reale Wertschätzung durch die Anderen ab (Einengung der Wertewelt und der zwischenmenschlichen Beziehungen).

– Gehemmte und gegen die eigene Person gerichtete Aggression.

– Suizidphantasien: Dabei ist sowohl das Ausmaß der Konkretisierung der Suizidphantasien als auch der Umstand, ob die Gedanken vom Betroffenen bewußt intendiert werden oder ob sie sich gleichsam gegen den Willen aufdrängen, von großer differentialdiagnostischer Bedeutung.

Ist der *Kontakt* zum Klienten kaum oder nur sehr schwierig herzustellen, fehlt die affektive Resonanz zwischen Berater und Klienten oder ist dieser überhaupt nicht bereit über sich und seine Probleme zu sprechen, ist dies ebenfalls ein ernstzunehmendes Alarmzeichen; der Klient ist dann möglicherweise von sich aus nicht mehr in der Lage aktiv Beziehung aufzunehmen.

2.2.3 Parasuizidale Handlungen

Bei parasuizidalen Handlungen lassen sich meist 3 unterschiedliche Tendenzen in unterschiedlicher Gewichtung finden. Das Vorherrschen einer dieser Tendenzen, gibt ebenfalls einen groben Hinweis auf die Gefährlichkeit der suizidalen Handlung und bestimmt die Art der Intervention. Bei der *parasuizidalen Pause* steht der Wunsch nach Ruhe im Vordergrund. In einer subjektiv unerträglichen Situation wünscht sich der Suizidgefährdete eine Unterbrechung, die er anders als durch einen Suizidversuch nicht mehr herbeiführen zu können glaubt. Die *parasuizidale Geste* umfaßt zwei Aspekte: den Wunsch nach Hilfe und die Vorstellung einen vermeintlich enttäuschenden Menschen auf diese Weise erreichen und manipulieren zu können. Beim *versuchten Suizid* ist der Wunsch, tot zu sein, zentral. Die Suizidgefahr ist sehr groß.

2.3 Auslösung psychischer Erkrankungen

Bei Bestehen früherer unbewältigter Konflikte oder einer Persönlichkeitsstörung kann die Krise zum Auslöser schwerwiegender psychischer Erkrankungen werden.

2.4 Beginn körperlicher Erkrankungen

Die starke emotionale Belastung ist sehr häufig mit körperlichen Symptomen verbunden. Manchmal treten die somatischen Begleitsymptome allein auf; die Gefühle werden abgespalten. Dadurch können die seelischen Hintergründe übersehen werden und es kommt zu Fehldiagnosen. Die somatischen Beschwerden werden behandelt, die notwendige Krisenintervention unterbleibt. Da es sich bei körperlichen Beschwerden eher als bei psychischen Problemen um einen gesellschaftlich anerkannten Ausdrucksmodus handelt, mißverstehen Arzt und Patient den Signalcharakter und halten an der körperlichen Erkrankung fest. So kann es zu psychosomatischen Krankheitsentwicklungen kommen.

2.5 Chronifizierung

Wird die Krise nicht aktiv bewältigt, sondern stehen destruktive Lösungsversuche wie Alkohol- und Medikamentenmißbrauch oder sozialer Rückzug und Vermeidungsverhalten im Vordergrund, kommt es zur Chronifizierung der Krise. Die Spannung wird reduziert und somit das Vermeidungsverhalten als „erfolgreiche" Problemlösung mißverstanden. Dieses Vermeidungsverhalten ist ein Charakteristikum chronischer Krisen. Diese Menschen scheuen oft jede Anstrengung, die zu einer Veränderung führen könnte. Sie reduzieren ihre sozialen Kontakte, verhalten sich klagend und machen Andere für ihr Unglück verantwortlich. Sie leiden unter einer subdepressiven Stimmung und unter diffusen körperlichen Symptomen. Chronische Krisen können sich häufig zunächst wie akute Krisen darstellen und den Helfer dazu verleiten, Krisenintervention anzubieten. Dadurch werden allerdings Hilflosigkeit und Abhängigkeit weiter gefördert. Chronische und akute Krisen lassen sich am besten durch die Frage nach der Dauer der bestehenden Schwierigkeiten und dem Zeitpunkt des erstmaligen Auftretens der Beschwerden differenzieren. Menschen in chronischen Krisen bedürfen jedenfalls einer längerfristigen Psychotherapie.

3. Technik der Krisenintervention

Nach Häfner (1974) versteht man unter Krisenintervention jene Form der psychosozialen Betreuung und Behandlung, die sich mit Symptomen, Krankheiten und Fehlhaltungen befaßt, deren

Auftreten im engen Zusammenhang mit der Krise steht. Es handelt sich also um eine Technik, die nur bei akuten Krisen, nicht jedoch bei anderen Zuständen wie chronischen Krisen, chronischer Suizidalität oder psychiatrischen Notfallsituationen erfolgreich angewendet werden kann. Deshalb ist die richtige Einschätzung der Situation durch den Berater für einen sinnvollen Einsatz von Krisenintervention überaus wichtig.

Der Akuität des Geschehens entsprechend muß Krisenintervention rasch und flexibel erfolgen, um Kurzschlußreaktionen, Chronifizierung und zusätzliche Schädigungen zu verhindern. Focus der Gespräche ist immer die aktuelle Situation. Der Interventionsstil kann aktiv und direkt sein. Die Förderung und Unterstützung der Selbsthilfemöglichkeiten des Klienten sollte aber soweit als möglich im Vordergrund der Beratung stehen. Dabei ist auf das richtige Verhältnis von Nähe und Distanz zu achten. Helfer sind versucht Klienten, die in einem sehr schlechten Zustand Hilfe suchen, besonders viel Unterstützung zukommen lassen zu wollen. Dadurch werden oft regressive Tendenzen verstärkt. Das ohnehin schon beeinträchtigte Selbstwertgefühl des Klienten kann dann zusätzlich leiden. Es muß darauf geachtet werden, ein Höchstmaß an Autonomie zu gewährleisten ohne den Betroffenen durch die Überschätzung seiner momentanen Fähigkeiten zu überfordern. Der Betroffene soll eigenständige Lösungs- und Bewältigungsmöglichkeiten finden. Häufig bestehen Tendenzen, sich durch Rückzug oder Medikamentenbzw. Alkoholmißbrauch den Anforderungen zu entziehen. Aktive Problemlösungen sind meistens günstiger und sollen daher primär vom Helfer unterstützt werden.

Krisen erfordern häufig ein multidisziplinäres Vorgehen und stellen entsprechende Anforderungen an die Zusammenarbeit verschiedener Berufsgruppen. Im günstigsten Fall findet Krisenintervention in einem interdisziplinären Team statt. Ferner ist die zeitliche Begrenzung ein wichtiges Merkmal von Krisenintervention. Die meisten Autoren (Lindemann, 1944; Jacobson, 1974; Sonneck, 1985) gehen von einem sinnvollen zeitlichen

Rahmen zwischen 5 und maximal 12 Gesprächen aus. Im Unterschied zur Langzeittherapie wird in der Krisenintervention nach Möglichkeit auch das soziale Umfeld in die Intervention einbezogen und als potentielle Ressource betrachtet.

Im folgenden wird der idealtypische Ablauf von Krisenintervention dargestellt. Wir beziehen uns dabei unter anderem auf die Arbeiten von Sonneck (1985, 1995), Goll (1985, 1995) und Schnyder (1993). Im Sinne der größtmöglichen Flexibilität sollte dieses Schema als ein Orientierungsmuster dienen und keinesfalls dazu führen, den individuellen Rahmen von Helfer und Klienten einzuschränken.

3.1 Beziehungsherstellung

„Dann ist Rettung, wenn Kommunikation gelingt" (Jaspers, 1932). Der Mensch in der Krise sucht ein Gegenüber, das ihn versteht und seine Verzweiflung akzeptieren und ertragen kann. Zur Herstellung der Beziehung ist es besonders wichtig, einen geschützten, möglichst ungestörten Raum und ausreichend Zeit zur Verfügung zu stellen. Durch sparsames, aber gezieltes Nachfragen wird Interesse und Aufmerksamkeit vermittelt. Zunächst sollte die emotionale Ebene, die subjektive Befindlichkeit angesprochen werden. Menschen in Krisen haben oft Schwierigkeiten, Zugang zu ihren Gefühlen zu finden. Äußert der Klient die Gefühle nicht spontan, kann die spürbare Stimmung vom Berater aufgegriffen und angesprochen werden. Dies kann dem Klienten den Eindruck vermitteln, angenommen zu werden. Es wird ihm dadurch wahrscheinlich leichter möglich sein, Trauer, Enttäuschung, Kränkung, Scham oder Wut zum Ausdruck zu bringen. Fühlt sich der Klient in seinen Emotionen verstanden, wird er auch Tabuisiertes eher akzeptieren; die oftmals begleitenden Schuldgefühle werden dann für ihn erträglicher werden. Die emotionale Entlastung wird meist als sehr erleichternd erlebt, schafft Vertrauen und stellt die Basis für eine tragfähige Beziehung dar. Erst dies ermöglicht eine sinnvolle gemeinsame Arbeit.

3.2 Klärung der Situation und Exploration

Durch offene Fragen verschafft sich der Berater einen Überblick über die Situation. Im Mittelpunkt steht zunächst das die Krise auslösende Ereignis. Bei traumatischen Krisen wird es meist ohne Schwierigkeiten möglich sein, das auslösende Trauma zu finden. Bei Lebensveränderungskrisen kann es notwendig sein, mit dem Klienten gemeinsam den Zeitraum von bis zu sechs Wochen auf ein krisenauslösendes Ereignis hin zu untersuchen. In der Folge verschafft man sich ein möglichst umfassendes Bild von der aktuellen Lebenssituation. Es stellt sich die Frage in welchem Ausmaß Familie, Beruf, soziale Beziehungen und Freizeit von der Krise betroffen sind. Oft entstehen im Laufe der Krise auch in zunächst unbeeinträchtigten Lebensbereichen Schwierigkeiten. Zum Beispiel kann es in der Folge von Trennungen zu einer Beeinträchtigung der Arbeitsfähigkeit und damit zu zusätzlichen Problemen am Arbeitsplatz kommen. Weiters ist die Tragfähigkeit der sozialen Beziehungen zu prüfen.

Die psychische und körperliche Verfassung des Klienten muß erfaßt werden, um abschätzen zu können, wieviel an Verantwortung der Klient für sich selber übernehmen kann und ob spezifische Gefahren bestehen. Ferner ist zu klären, ob ein depressives Syndrom vorliegt, wie groß die affektive Einengung ist, ob Selbst- oder Fremdgefährdungen bestehen oder ob es sich um eine Psychose handelt. Suizidgedanken sollten angesprochen und nach Möglichkeit vom Klienten ausphantasiert werden. Wird mit der notwendigen Behutsamkeit vorgegangen, erlebt er diesbezügliche Fragen selten als aufdringlich. Ist der Zustand des Klienten sehr schlecht, kann eine Hilfestellung bei der Strukturierung der unmittelbaren Alltagssituation notwendig sein; zusätzliche Schwierigkeiten müssen vermieden werden und gelegentlich ist eine stationäre Krisenintervention zielführender. Eine kurze Anamneseerhebung ist auch hilfreich, um eine erhöhte Verletzlichkeit feststellen zu können. Dabei stellt sich die Frage, ob ähnliche Ereignisse bereits früher Krisen ausgelöst haben oder ob es Hinweise darauf gibt, daß der Klient bereits in seiner Kindheit oder Jugend traumatisiert wurde. Zum Beispiel können frühe Objektverluste dazu führen, daß die Verarbeitung späterer Verluste von nahen Bezugspersonen erschwert ist. In diesem Zusammenhang sollte auch differenziert werden, welche reale und welche gefühlsmäßige Bedeutung das Problem für den Klienten hat. Wenn die persönliche Betroffenheit auf Grund früherer Erfahrungen besonders groß ist oder wenn der Klient von seinen Gefühlen und Befürchtungen überschwemmt wird, ist eine realistische Einschätzung der Situation oft nicht mehr möglich. Diese muß dann stellvertretend durch den Berater erfolgen.

Schließlich ist festzustellen wie der Klient üblicherweise mit Problemen umgeht, wie frühere Krisen von ihm bewältigt wurden, und welche wichtigen inneren und äußeren Ressourcen ihm im Augenblick zur Verfügung stehen. Innere Ressourcen können ethische oder religiöse Werte, bestimmte psychische oder physische Fähigkeiten, aber auch Lebenserfahrung, die durch frühere bewältigte Krisen gewonnen wurde, sein. Äußere Ressourcen betreffen soziale Beziehungen, finanzielle Sicherheit oder gesicherte Wohnverhältnisse.

3.3 Problemdefinition

Vom Berater sollte an dieser Stelle ein Stück Ordnung in das subjektiv vorhandene Chaos gebracht werden. Dazu dient die Zusammenfassung des bisher Besprochenen. Es wirkt fast immer entlastend, einen Zusammenhang zwischen Krisenauslöser, Krisenhintergrund und aktueller Symptomatik herzustellen. Verzweiflung und Angst können so als sinnvoller Ausdruck einer schwierigen Situation verstanden werden. Die Benennung der Krise und der Ursache für den Zustand verschaffen Distanz und beruhigen. Der Klient fühlt sich der Situation nicht mehr völlig hilflos ausgeliefert.

Der Helfer sollte jetzt eine Einschätzung davon haben, ob es sich tatsächlich um eine akute Krise handelt und ob eine stationäre oder eine ambulante Krisenintervention notwendig ist. Die gut fundierte Indikation liefert die Basis für eine produktive Arbeit an der Krise.

3.4 Kontrakt

Gegen Ende der ersten Beratung muß Inhalt, Sinn und Ziel der Zusammenarbeit besprochen werden. Der Klient sollte wissen, was unter einer Krisenintervention zu verstehen ist; ein Zeitrahmen wird festgelegt und das Setting geklärt. Nachdem ein neuer Termin vereinbart wurde, ist es wichtig die genaue Erreichbarkeit des Beraters abzuklären. Auch wenn sich der Klient nach diesem ersten Gespräch entlastet fühlt, ist nicht auszuschließen, daß sich die Situation noch einmal verschärft. Der Klient kann dadurch in eine suizidale Einengung geraten, von unerträglichen Ängsten überschwemmt werden oder psychiatrisch entgleisen. Es muß daher klar sein, wohin er sich im Notfall wenden kann, wenn der Helfer nicht erreichbar ist. Es ist davon abzuraten, Vereinbarungen zu treffen, die den Berater überfordern oder seiner aktuellen Arbeitssituation nicht entsprechen (z. B. ständige Erreichbarkeit). Überfordert er sich, kann dies dazu führen, daß er (unbewußt) wünscht, den Klienten loszuwerden.

Das Ergebnis des ersten Gespräches sollte am Ende nochmals zusammengefaßt und als gemeinsame Arbeit von Berater und Klient definiert werden. Erste kleine Schritte zur Problemlösung können bereits vereinbart werden und dienen bei Erfolg als Vorbild für weitere Lösungen. Es muß klar vereinbart werden, wer welche Aufgabe übernimmt und bis zu welchem Zeitpunkt diese erledigt werden soll. Die Vereinbarungen haben konkret und detailliert zu sein. Auch ein Mißlingen kann genutzt werden, indem im nächsten Gespräch daran gearbeitet wird, warum diese Problemlösung gescheitert ist. Die Zieldefinition sollte realistisch und innerhalb der Krisenintervention erreichbar sein.

Nur wenn auch der Berater davon überzeugt ist, daß das gesteckte Ziel innerhalb des Settings realisierbar ist, kann er sich dem Klienten als „stellvertretende Hoffnung" zur Verfügung stellen.

3.5 Therapeutische Interventionen – Problembearbeitung – Instrumentelle Hilfen

Wie erwähnt kann die Problemlösung bereits in der ersten Stunde beginnen. In den folgenden Sitzungen steht sie im Mittelpunkt der Krisenintervention.

Die die Krise begleitenden Gefühle sollten immer wieder angesprochen werden. Einander scheinbar widersprechende Emotionen müssen eingeordnet werden können. Kränkung und Trauer über einen Verlust können neben der Wut darüber, verlassen worden zu sein, stehen. Dies kann den Klienten verwirren und Schuldgefühle in ihm hervorrufen. Indem diese widersprüchlichen Tendenzen bewußt zugelassen und vom Berater verstanden werden, ist eine Distanzierung möglich.

Trotzdem die aktuelle Situation stets der Focus der Krisenintervention bleibt, kann das Besprechen psychodynamischer Zusammenhänge dazu beitragen das spezifische Verhalten des Klienten in der momentanen Situation zu verstehen. Problemlösungsstrategien in früheren schwierigen Lebenssituationen sollen dahingehend geprüft werden, ob sie zur Bewältigung der jetzigen Schwierigkeiten herangezogen werden können. Erst wenn sich die gewohnten Bewältigungsmuster als unzureichend erweisen, müssen tiefergreifende Veränderungen in Erwägung gezogen werden. Ängste und Behinderungen, die bei der Problemlösung auftreten können, sollten bearbeitet werden.

Einen weiteren Stützpfeiler der Krisenintervention stellt die Methodenflexibilität dar; dies bedeutet, daß die Anwendung unterschiedlicher therapeutischer Techniken möglich ist. Supportive Techniken helfen das Selbstwertgefühl und das Identitätserleben zu stützen und zu fördern. Gelegentlich ist es notwendig, sich dem regredierten, gelähmten Klienten als Hilfs-Ich zur Verfügung zu stellen, bis er sich soweit erholt hat, daß er verschiedene Aufgaben wieder selbst wahrnehmen kann. Imaginationen können einen guten Zugang zu verdrängten Gefühlen ermöglichen und somit eine – vorsichtige – Konfrontation mit dem Konflikt erleichtern. Träume können als Hilfe aus dem Unterbewußten verstanden werden und man kann versuchen, ihren Inhalt auf die aktuelle Situation zu beziehen. Sehr angespannten und unruhigen Klienten kann mit Entspannungstechniken geholfen werden.

Auch direkte Hilfen sind gelegentlich notwendig. Finanzielle Probleme werden in Kooperation mit sozialen Stellen gelöst. Gelegentlich muß am Arbeitsplatz interveniert werden. Drängende Symptome wie Schlafstörungen, massive Ängste und depressive Symptome erfordern eine medikamentöse Hilfe und können eine Krankschreibung notwendig machen. Manchmal muß auch eine stationäre Aufnahme in Erwägung gezogen werden.

Das soziale Umfeld sollte soweit wie möglich in die Krisenintervention einbezogen werden. Sind die sozialen Beziehungen intakt, stellt die Unterstützung von Verwandten und Freunden immer eine wichtige Ressource für die Bewältigung der Krise dar. Um die Möglichkeiten und die Bereitschaft zur Unterstützung zu klären, kann es auch sinnvoll sein, ein gemeinsames Gespräch mit den Angehörigen zu führen. Aber auch im Fall von konflikthaften Beziehungen, die unter Umständen Auslöser der Krise sind, kann ein Gespräch mit dem jeweiligen Partner oder der Familie zur Klärung der Situation hilfreich sein. Bei Trennungen, Problemen am Arbeitsplatz oder finanziellen Schwierigkeiten sind häufig rechtliche Aspekte von Bedeutung, die es durch eine juristische Beratung zu klären gilt. In diesem Zusammenhang soll nochmals auf die Bedeutung interdisziplinärer Zusammenarbeit hingewiesen werden. *Ein* Berater sollte allerdings die Koordination und Führung der Krisenintervention innehaben. Denn in einer sehr angespannten und schwierigen Situation neigen Klienten häufig zum Agieren. Daher ist eine klare Aufgabenteilung und das konkrete Wissen, wer für welches Problem zuständig ist, sowohl für den Klienten als auch für die Betreuer hilfreich.

Eine erfolgreiche Krisenintervention kann sich nicht mit dem Fördern von Einsichten begnügen, sondern muß auch spürbare Auswirkungen auf die Lebenssituation des Betroffenen haben. Daher müssen die in der gemeinsamen Arbeit gewonnenen Einsichten und Erkenntnisse konkret umgesetzt werden. Es ist immer wieder neu zu prüfen, ob es möglich war, beabsichtigte Verhaltensänderungen umzusetzen. Falls es Behinderungen gibt, ist an diesen zu arbeiten. Dabei geht es nicht um Wertung oder Kontrolle, sondern um die Unterstützung bei der Umsetzung im Lebensalltag.

Im Lauf einer Krisenintervention wird der Berater unter Umständen auch die tieferliegenden problematischen Aspekte der Persönlichkeit des Klienten kennenlernen. Das Vorliegen eines neurotischen Konfliktes oder einer Persönlichkeitsstörung kann deutlich werden. Es besteht die Gefahr, daß der Klient immer wieder in ähnliche schwierige Situationen gerät. Es ist davon abzuraten, während einer Krisenintervention eine konfliktorientierte Bearbeitung solcher Probleme zu beginnen. Denn es ist nicht damit zu rechnen, daß derartige Schwierigkeiten in kurzer Zeit bearbeitbar sind. Außerdem ist große Vorsicht geboten, einen Menschen in einer akuten schwierigen Situation zusätzlich zu verunsichern und damit eventuell eine weitere Verschlechterung seines Zustandes zu bewirken. Dagegen kann es in so einem Fall sinnvoll sein, nach Abschluß der Krisenintervention eine psychotherapeutische Behandlung anzuschließen.

3.6 Abschluß der Krisenintervention

Der Abschluß einer Krisenintervention muß gut vorbereitet sein. Es muß geklärt werden, ob die Krise nun tatsächlich überwunden ist. Die Entscheidungs- und Handlungsfähigkeit sowie das

Selbstwertgefühl des Klienten sollten wieder hergestellt sein. Retrospektiv ist die Frage zu stellen, was an Veränderung erreicht wurde und wie dies geschehen ist. Welche neuen konstruktiven Problemlösungsstrategien wurden entwickelt und wie konnten sie angewendet werden. Dies ist auch im Hinblick auf die Lösung zukünftiger Krisen von Bedeutung. Es sollte besprochen werden, wie sich der Klient bei neuerlichen Schwierigkeiten verhalten wird und ob er dann die neu erlernten Problemlösungsstrategien wird anwenden können. Die Trennung vom Berater muß ausführlich bearbeitet werden, damit diese nicht zu einer Retraumatisierung führt und eine neue Krise auslöst. Ein behutsamer Umgang mit Ablösung und Trennung kann für den Klienten zu einer korrigierenden emotionalen Erfahrung werden.

4. Krisenintervention – Notfallpsychiatrie – Psychotherapie und Krisen

Im vorangegangenen Kapitel haben wir darauf hingewiesen, daß Krisenintervention nur in bestimmten Situationen eine sinnvolle Hilfestellung bieten kann. Da der Begriff „Krisenintervention" von verschiedenen Praktikern und Theoretikern für unterschiedliche Vorgangsweisen verwendet wird (z. B. manchmal auch für psychiatrische Notfallbehandlungen), und da nicht in allen Stadien von Lebenskrisen Krisenintervention indiziert ist, wollen wir mit einigen kurzen Überlegungen Krisenintervention von Notfallpsychiatrie und von Psychotherapie abzugrenzen versuchen.

Zwei Kriterien können hilfreich sein um „*psychiatrische Notfälle*" und „*Krisen*" voneinander zu unterscheiden: *psychiatrische Diagnose* und *Ausmaß der Gefährdung*. Katschnig und Konieczna (1987, zitiert nach Cranach, 1993, S. 11) differenzieren dazu zwischen drei Gruppen: Personen mit akut psychiatrischen Krankheitsbildern; chronisch psychisch Kranke, bei denen es durch relativ leichte Belastungen zu einer Labilisierung ihres

Zustands kommt; Personen, die sich im Gefolge schwer belastender lebensverändernder Ereignisse befinden. Bei Menschen der ersten Gruppe handelt es sich um „psychiatrische Notfälle"; eine schnell einsetzende psychiatrische Behandlung wird benötigt. Bei Menschen der dritten Gruppe liegt eine psychosoziale Krise vor und in der Regel ist Krisenintervention indiziert. Bei Menschen der zweiten Gruppe ist beides (Vorliegen einer Krise oder eines psychiatrischen Notfalls) möglich, da sich bei ihnen psychiatrische Störung und belastende Lebenssituation wechselseitig verstärken. Nach Häfner und Helmchen (1978, zitiert nach Cranach, 1993, S. 12) liegt eine Krise vor, wenn die individuellen und situativen Hilfspotentiale zusammenbrechen; ist eine unmittelbare Gefährdung von Leben und Gesundheit gegeben, handelt es sich um einen Notfall. Bei aller Vagheit dieser Unterscheidungskritierien sind allerdings die Konsequenzen bezüglich der Interventionsschwerpunkte eindeutig. In der Notfallpsychiatrie wird primär von Ärzten psychopharmakologisch behandelt; Gespräche und instrumentelle Hilfestellungen sind sekundär möglich. Krisenintervention hingegen kann von Angehörigen verschiedener Berufsgruppen in der oben beschriebenen Form (s. 3.) durchgeführt werden, wobei der Schwerpunkt auf verbalen Interventionen liegt und nur manchmal eine medikamentöse Behandlung zusätzlich angezeigt sein kann.

Zur Frage von Abgrenzung bzw. Überschneidung von *Krisenintervention* und *Psychotherapie* erwähnen wir nur einige Punkte. Psychotherapie unterscheidet sich von Krisenintervention deutlich bezüglich der Methode (weniger eklektizistisch), der Ziele (Besserung bzw. Aufhebung einer Störung; Veränderung der Persönlichkeitsstruktur) und des Settings (regelmäßig; längerfristig); all dies führen wir hier nicht näher aus. Sehr ähnlich (bzw. ident) ist das Vorgehen bei Krisenintervention und Psychotherapie nur dann, wenn es sich um eine Kurzpsychotherapie handelt, deren Fokus auf die Bearbeitung einer schwierigen aktuellen Lebenssituation gerichtet ist. Oft sind Krisensituationen auch der Auslöser um eine Psychotherapie zu beginnen; denn durch die Krise können für den Betroffenen weitreichendere innerpsychische Konflikte virulent werden. Wenn zuerst eine Krisenintervention stattgefunden hat, sollte eine anschließende Psychotherapie nach Möglichkeit nicht vom selben Therapeuten durchgeführt werden. In jedem Fall sollte dem Klienten deutlich vermittelt werden, daß bei der Psychotherapie andere Ziele angestrebt werden und andere Rahmenbedingungen gelten. Krisenintervention ist auch nicht in allen Phasen von Lebenskrisen die Methode der Wahl. Wenn wir uns nochmals die oben zitierten Krisenmodelle (s. 1.2) vergegenwärtigen, so ist Krisenintervention vor allem in den akuten Stadien (Schockphase und Beginn der Reaktionsphase bei den traumatischen Krisen; 4. Phase bei den Veränderungskrisen) indiziert. Wie bereits erwähnt ist auch bei chronischen Krisen keine Krisenintervention, sondern Psychotherapie angezeigt. Ferner weisen wir noch darauf hin, daß oft von Krisen in Therapien gesprochen wird. Damit sind kritische Phasen im Laufe einer Therapie gemeint. Manchmal werden diese vom Therapeuten evoziert, um einen stagnierenden therapeutischen Prozeß voranzutreiben. Derartige Krisen sind im Kontext der gesamten Therapie zu verstehen und zu bearbeiten; eine Indikation für Krisenintervention ist dabei in der Regel nicht gegeben.

5. Krisenintervention im psychosozialen Feld

Auf die Frage „wer Krisenintervention betreibt und wo sie betrieben wird" gibt es zahlreiche Antworten; denn Krisenintervention wird in vielen Tätigkeitsfeldern und von vielen Helfern durchgeführt – im ambulanten ebenso wie im stationären Bereich, im persönlichen Gespräch „face to face" ebenso wie am Telefon, von Angehörigen unterschiedlicher Berufsgruppen ebenso wie von geschulten Laien. Folgende Einteilung ermöglicht einen sinnvollen Überblick (Stumm, 1990, S. 142). Demnach findet Krisenintervention in folgenden Einrichtungen statt: a) in solchen, die dafür spezialisiert sind; b) in psychosozialen

Einrichtungen, die unter anderem Krisenintervention betreiben; und c) in Einrichtungen, die im Vorfeld der Krisenintervention anzusiedeln sind. Zur ersten Gruppe gehören Kriseninterventionszentren, die als eigenständige Institutionen oder im Naheverhältnis zu psychiatrischen Abteilungen tätig sind. Zur zweiten Gruppe kann man einen Großteil der psychosozialen Institutionen zählen; dazu gehören Frauen-, Ehe-, Familien-, Erziehungs, Alkoholiker-, Drogen- und Aids-Beratungsstellen ebenso wie Frauenhäuser, Notschlafstellen, Einrichtungen der Bewährungshilfe, Jugendämter und psychotherapeutische Praxen. All diese Einrichtungen nehmen zwar nicht notwendigerweise, aber doch oft neben ihren Hauptaufgaben auch Kriseninterventions-Aufgaben wahr. Die dritte Gruppe bilden Institutionen und Einzelpersonen, die in anderen Bereichen als dem psychosozialen tätig sind, aber trotzdem – allerdings oft ohne dafür ausreichend ausgebildet oder geschult zu sein – Krisenintervention betreiben – z. B. Polizisten, praktische Ärzte, Lehrer, Erzieher und Priester.

Die Art und Weise, in der Krisenintervention betrieben wird, kann allerdings sehr unterschiedlich sein und hängt maßgeblich von folgenden Faktoren ab:

a) Persönliche und professionelle Fähigkeiten der Helfer. Unter anderem werden berufliches Selbstverständnis, erlernte Fähigkeiten Krisenintervention zu betreiben, einschlägige Berufserfahrungen und persönliche Selbstsicherheit einen wesentlichen Einfluß darauf haben, welche Krisen sich ein Helfer „zutraut", mit welchen er sich überfordert fühlt und welche er delegiert (z. B. werden all diese Faktoren die Entscheidung eines Helfers mitbeeinflussen, ob er einem Klienten eine stationäre Aufnahme vorschlägt oder nicht).

b) Organisatorische Rahmenbedingungen (z. B. das Vorhandensein bzw. Fehlen von zeitlichen und instrumentellen Ressourcen).

c) Gesellschaftliche Rahmenbedingungen (Zwang und Kontrolle um weitere Eskalationen und/oder gefährliche Handlungen zu verhindern – z. B. im Bereich der Justiz und des Jugendamtes – versus Angebot an Menschen in schwierigen Lebenssituationen Hilfestellungen freiwillig in Anspruch zu nehmen).

Verlauf und Erfolg einer Krisenintervention werden selbstverständlich auch durch Faktoren auf Klienten-Seite (z. B. der Art der Motivation: Selbst-, Fremd- oder Zwangsmotivation) bestimmt; auf diese gehen wir hier aber nicht ein.

6. Schlußbemerkung

Krisenintervention ist eine psychosoziale Interventionsform, die sowohl in ihrer Indikation als auch in ihrer Technik klar definiert ist. Die Häufigkeit des Auftretens von psychosozialen Krisen bringt es mit sich, daß psychosoziales Krisenmanagement auch häufig benötigt wird. Unterschiedliche Berufsgruppen und zahlreiche Institutionen, die im psychosozialen Feld tätig sind, wenden daher Krisenintervention an. Dieser kommt somit unter den psychosozialen Interventionsformen ein besonderer Stellenwert zu.

Heilpädagogik und Rehabilitation: Menschliche Entwicklung und soziale Integration

T. Reinelt

1. Einleitung

„Trotz allem bin ich mit Claudia glücklich, könnte mir mein Leben ohne sie nicht vorstellen, und die Leere ohne sie erschiene mir unerträglich. Ich bin reich durch Claudia" (Meister-Steiner, 1989, S. 16).

Meister-Steiners Sprache ist eine „Sprache des Erlebens von Beziehung." Sie schreibt von ihren Ängsten, Nöten, zärtlichen Gefühlen, Agressionen …, die auf Claudia *bezogen* sind. Das ist eine andere Sprache als jene, die wir für wissenschaftliche Darstellungen benützen. Für derartige Darstellungen verwenden wir eine Sprache, die vom persönlichen Erleben abstrahiert. Sie ist meist leidenschaftslos und durch ein Bemühen um Objektivität gekennzeichnet. Sie ist eine Sprache über das Erleben und keine Sprache des Erlebens. Die Wissenschaft, die sich mit dem Erleben (und Verhalten) befaßt, ist die Psychologie. Das forschende Fragen von Psychologen zielt auf Gesetzmäßigkeiten und Regelhaftigkeiten psychischer Vorgänge. So werden sie beispielsweise danach fragen, ob eine kongenitale Blindheit die Entwicklung und Organisation des Psychischen variiert und modifiziert. Oder sie werden nach jenen seelischen Prozessen suchen, die die Tendenz zur Ausgrenzung und Isolierung von Menschen, die nicht unseren Vorstellungen und Erwartungen entsprechen, begünstigen. Wenn wir ausgrenzen und isolieren, stiften wir Beziehungslosigkeit zwischen uns und jenen, die wir ausgrenzen und isolieren. Derartige individuelle und kollektive Tendenzen erschweren oder verhindern die soziale Integration von Menschen mit Behinderungen.

In unseren zwei Beispielen über Forschungsfragen sind damit bereits zwei Themen angeklungen, die uns im besonderen Maße befassen werden: die *menschliche Entwicklung* und die *soziale Integration*. Diese Themen lassen sich auch als zentrale Frage- und Problemstellungen aus dem Erlebensbericht von Meister-Steiner (1989, S. 16) destillieren. Ebenso wurden sie neulich im Rahmen eines Workshops, welcher die interdisziplinäre Zusammenarbeit in der Sonder- und Heilpädagogik thematisierte, zu Kernstücken der Diskussion (Arbeitskreis von Lektoren und Studenten der Sonder- und Heilpädagogik, 1995).

Als metatheoretischen Bezugsrahmen werde ich den Begriff der *Adaptation* verwenden. Aus meiner Sicht erweist er sich auch als brauchbar, Erlebensvorgänge theoretisch zu fassen.

2. Begriffe, Definitionen

„Das Wort ‚behindert' hat in meiner kurzen Leidensgeschichte viele Wandlungen erfahren. Es hat sich zunächst eingeschlichen, wurde entsetzt abgewehrt und ausgestoßen, hat sich wieder aufgedrängt, wurde sanft weggeschoben, kam wieder, wurde weniger heftig abgedrängt ..." (Meister-Steiner, 1989, S. 10). Claudia`s Mutter bangt, hofft und ahnt; sie verneint das auf die Dauer nicht Verneinbare: die *Behinderung* der Tochter. Das ist eine tiefgreifende emotionale Erkenntnis. Ihr Innerstes ist getroffen und betroffen. Behinderung, das ist vorerst eine tiefe schmerzende Wunde, ein düsterer Schatten, der sich über ihre Seele breitet. Behinderung bedeutet für sie Not, Verzweiflung und Schmerz. Der wissenschaftliche Behinderungsbegriff hingegen abstrahiert von individuellen Betroffenheiten. Die Erlebensdimension bio-psychischer Prozesse bleibt ausgeklammert.

Bevor ich dazu weiterführende Überlegungen darlege, möchte ich mich der Frage zuwenden: welcher Art ist die Behinderung von Claudia? Das erscheint bei einem umgangssprachlichen Gebrauch des Begriffes Behinderung, recht eindeutig zu sein. Sie ist in den Augen anderer ein *behindertes* Kind. Behinderung ist ihr wesentliches Kennzeichen. Behinderung hat für viele Menschen den Geschmack des Negativen und Defizitären. Von ärztlicher Seite wird die Behinderung Claudias spezifiziert. Sie wird als Entwicklungsrückstand beschrieben, der durch einen Cerebralschaden verursacht ist. Der Entwicklungsrückstand wird damit als *Folge* des Cerebralschadens interpretiert.

Eine solche Sichtweise können wir auch in wissenschaftlichen Definitionen der **Behinderung** finden. Demgemäß ist sie „idealtypisch" eine „irreversible und dauerhafte Beeinträchtigung als Folge eines vorangegangenen Krankheitsprozesses oder einer angeborenen Schädigung" (Tröster, 1990, S. 20). Die körperliche, seelische oder geistige Schädigung oder Funktionseinbuße *ist* die Behinderung. Eine Zentrierung auf die Beeinträchtigung körperlicher oder psychischer Funktionen erfolgt auch in gesetzlich verankerten Formulierungen. Das deutsche Bundessozialhilfegesetz (§ 124 (4)) bestimmt als Behinderung „eine nicht nur vorübergehende erhebliche Beeinträchtigung der Bewegungsfähigkeit, ... der Seh-, Hör- und Sprachfähigkeit ..., der geistigen oder seelischen Kräfte" (Bach, 1986, S. 14).

Die Verwendung des Behinderungsbegriffes als Bezugsrahmen des erziehungswissenschaftlich orientierten heil- und sonderpädagogischen Fragens und Forschens wurde besonders durch Bleidick u. a. (1981) vorangetrieben. Es werden damit primär Fragen und Probleme der Erziehung, Unterrichtung und sozialen Eingliederung von Behinderten thematisiert. Claudias Behinderung kristallisiert sich aus diesem Blickwinkel als *Erschwernis des Lernens* und der *sozialen Eingliederung*. Die Erschwernis des Lernens und der sozialen Eingliederung wird auch in der Definition des deutschen Bildungsrats aus dem Jahre 1973 hervorgehoben: „Als behindert im erziehungswissenschaftlichen Sinn gelten Kinder, Jugendliche und Erwachsene, deren Lernen und deren soziale Eingliederung wesentlich erschwert ist" (Bleidick & Hapemeister, 1981, S. 18).

Eine radikale Umdeutung des Behinderungsbegriffes erfolgte im Zusammenhang mit gesellschaftskritischen Auseinandersetzungen. Behinderung wird zum Ergebnis eines gesellschaftlichen Zuschreibungsprozesses. Sie ist kein körperliches oder psychisches Faktum, sondern eine soziale Konstruktion. Claudia ist deswegen behindert, weil sie die Gesellschaft dazu macht.

Von der Weltgesundheitsorganisation wurde 1980 mit der International Classification of Impairments, Disabilities and Handicaps (ICIDH) ein Begriffsystem vorgelegt, welches verschiedene Facetten des Behinderungsbegriffes widerspiegelt, ohne daß allerdings alle bisher angeführten Aspekte subsumiert werden. Ich halte mich nachfolgend weitgehend an die Übersetzung von Kallio (1985, S. 1–2). In der internationalen Klassifikation werden die Begriffe Schädigung (impairment), Funktionsunfähigkeit (disability) und handicap (Behinderung) folgendermaßen definiert: **Schädigung** ist jeder Verlust oder jede Abnormität einer psychischen, physischen oder anatomischen Struktur oder Funktion. **Funktionsunfähigkeit** ist jede Einschränkung bzw. ein Verlust (infolge einer Schädigung) von Fähigkeiten, eine Aktivität in der für einen Menschen als normal betrachteten Art und Weise bzw. in einem normalen Ausmaß auszuüben. **Behinderung** ist die Benachteiligung eines bestimmten Individuums, die sich aus einer Schädigung oder Funktionsunfähigkeit ergibt und die den Betreffenden an der Ausübung einer für ihn normalen Rolle (je nach Alter, Geschlecht, sozialen und kulturellen Faktoren) verhindert oder ihn darin einschränkt. Wenn wir diese Begriffe auf die Problematik von Claudia anwenden, dann liegt eine cerebrale *Schädigung* (prä- oder perinatal verursacht) gepaart mit einer Entwicklungsretardation vor, die u. a. zu einer Beeinträchtigung der statomotorischen *Funktion* führten, wodurch sie u. a. in einer Reihe altersüblicher spielerischer und sportlicher Aktivitäten eingeschränkt wird. Diese *Benachteiligung* stellt ihre Behinderung dar.

Der traditionsreichste Begriff ist jener der **Heilpädagogik.** Sie kann als „Theorie und Praxis der pädagogisch-therapeutischen Behindertenhilfe" bezeichnet werden (Gröschke, 1992, S. 13). Eine zunehmende Problematisierung dieses Begriffes und der

Einfluß des Sonderschulwesens führten in den 60er Jahren zur Einführung des Begriffes **Sonderpädagogik** (Lesemann, 1960). Damit „sollte das Besondere gegenüber dem Allgemeinen" gekennzeichnet werden. „Seine Schwäche liegt darin, daß er das Besondere allzu sehr betont und Absonderung impliziert" (Speck, 1988, S. 41).

In der jüngeren Vergangenheit ist in wissenschaftlichen Abhandlungen zu Fragen und Problemen von Behinderung und Krankheit ein gravierender Wandel erkennbar. In Veröffentlichungen des anglo-amerikanischen Sprachraumes werden Behinderte häufig als Menschen mit **special needs** bezeichnet. Darüberhinaus tritt an die Stelle eines defizitorientierten Fragens und Forschens zunehmend eine Zentrierung und Hinwendung auf Entwicklungsmöglichkeiten. Dieser Wandel läßt sich durch Begriffe wie *Empowerment* (Sherill, 1994), *Habilitation* (Hellbrügge, 1981b) und *Salutogenese* (Antonovsky, 1987) verdeutlichen.

Im Hinblick auf die weiter unten folgenden adaptationstheoretischen Ausführungen halte ich eine Definition von Bach besonders nützlich, da sie den Beziehungsaspekt zwischen Individuum und Umwelt betont: Behinderung wird von ihm als „*Relation* (im Original nicht hervorgehoben) zwischen individualen und außerindividualen Gegebenheiten" definiert (Bach, 1986, S. 14).

3. Quellendisziplinen

Mit Frage- und Problemstellungen, die behinderte Menschen betreffen, befassen sich verschiedene Wissenschaften. Die Pädagogik widmet sich Frage- und Problemstellungen ihrer Bildung, Erziehung und Unterrichtung. Ein Markstein in der Entwicklung einer pädagogisch orientierten Heilpädagogik stellt das zweibändige von Georgens und Deinhart verfaßte Lehrbuch „Die Heilpädagogik unter besonderer Berücksichtigung der Idiotie und der Idiotenanstalten" dar (Georgens & Deinhart, 1861, 1863). In der von Georgens um die Mitte des vorigen Jahrhunderts in Baden bei Wien begründeten Heilpflege- und

Erziehungsanstalt Levana, in der auch geistig behinderte Kinder aufgenommen wurden, orientierte sich die Arbeit und Lebensgestaltung mit den Kindern u. a. an folgender Leitidee: Der Mensch wird als prinzipiell entwicklungs- und verbesserungsfähig angesehen. Damit ist die geistige Voraussetzung für die Anerkennung der Veränderbarkeit des Kindes durch pädagogisches Bemühen gegeben. Ein Ziel der pädagogischen Arbeit mit den Kindern ist die Förderung ihrer Eigenaktivität. Um ihnen eine gedeihliche Entwicklung zu ermöglichen, ist es darüberhinaus auch notwendig, entsprechende soziale und materielle Lebensbedingungen bereitzustellen. Die Heilpädagogik ist für Georgens und Deinhart sowohl ein Zweig der Allgemeinen Pädagogik als auch ein Bereich, in dem sich Medizin und Pädagogik überschneiden. In unserem Jahrhundert folgen Veröffentlichungen, die eine pädagogische Theorienbildung der Heilpädagogik vorantreiben. Hiezu haben beispielsweise Hanselmann (1930), Moor (1965) und Düring (1925) wichtige Beiträge geliefert.

Eine zweite bedeutsame Quellwissenschaft der Sonder- und Heilpädagogik ist die Medizin. Für die Arbeit mit behinderten Menschen wichtige Beiträge sind besonders von Medizinern gekommen, die im 19. Jhd. einen *sinnesphysiologischen Ansatz* (Itard, 1965; Séguin, 1912) entwickelt haben. Dieser zielt auf eine Regulation von Störungen des organischen Lebens. Von Itard und Séguin wird die systematische Schulung der sinnlichen Wahrnehmung als eine wesentliche pädagogische Aufgabe erachtet. Derartige Entwicklungen wurden besonders durch die Arbeit des Pariser Arztes und Gehörlosenlehrers Itard mit dem Wildkind von Aveyron (Itard, 1965) angestoßen. Victor, ein ca. 11–12jähriges Kind, wurde im Jahre 1798 im Wald aufgefunden. Von 1801–1805 wurde dieses von Itard systematisch erzogen. Eine Fortsetzung des durch Itard und Seguin eingeschlagenen Weges finden wir bei Maria Montessori. Grundlegende Konzeptionen ihrer Pädagogik wurden durch Hellbrügge und seine Mitarbeiter auf den sonder- und heilpädagogischen

Bereich übertragen (Hellbrügge, 1981a). Die Schulung der Sinne war auch für den Arzt Guggenbühel ein wichtiger Bestandteil der Arbeit mit geistig behinderten Kindern. Er hatte 1841 in Interlaken in der Schweiz eine Heilanstalt für „Kretinen und blödsinnige Kinder" gegründet (Guggenbühel, 1853; Premerstein, 1978). In Wien wurde an der Wiener Universitätskinderklinik im Jahre 1911 eine Heilpädagogische Station eingerichtet. 1952 veröffentlichte Asperger, der über viele Jahre diese Heilpädagogische Station leitete, sein Lehrbuch der Heilpädagogik. Für ihn ist die Heilpädagogik eine Wissenschaft, „welche auf biologisch fundierten Kenntnissen abnormer kindlicher Persönlichkeiten aufbauend, vornehmlich pädagogische Wege zur Behandlung intellektueller und Sinnesdefekte, nervöser und seelischer Störungen des Kindes- und Jugendalters sucht" (Asperger, 1952, S. 1). Eine derartig verstandene Heilpädagogik versucht medizinische mit pädagogischen Aspekten zu verknüpfen. Andere klassische Vertreter einer pädagogisierenden angewandten Kinderpsychopathologie sind u. a. Isserlin (1923) und Homburger (1927).

Eine weitere Quellwissenschaft, die sich mit Fragen und Problemen behinderter Menschen befaßt, ist die Psychologie. Um die Jahrhundertwende haben Binet und Simon eine Intelligenztestreihe zur Selektion lern- und geistig behinderter Kinder entwickelt (Binet, Simon, 1905). Darüberhinaus war es ein besonderes Anliegen Binets, geistig behinderte Kinder durch pädagogisch-therapeutische Programme zu fördern. Als besonders nutzbringend für diese erwies sich eine möglichst konkrete und anschauliche Unterrichtung und Förderung und der praktische Bezug von Lerninhalten zu ihrer Lebenswelt. Neben Binet ist hier besonders Paul Moor zu nennen. Für Moor, der eine zweibändige „Heilpädagogische Psychologie" verfaßt hat, ist die Psychologie die methoden- und mittelgebende Disziplin (Moor, 1951, 1958). Es ist nicht ihre Aufgabe, das Erziehungsziel zu formulieren, sie kann aber Mittel und Methoden bereitstellen, wie dieses Ziel erreicht werden kann.

Die Einbindung christlichen Gedankengutes in die Theoriebildung erfolgte durch Linus Bopp in seinem Buch „Allgemeine Heilpädagogik in systematischer Grundlegung und mit erziehungspraktischer Einstellung" (Bopp, 1930). Als Grundbedingungen menschlicher Existenz werden Religiosität und Spiritualität erachtet.

4. Interdisziplinäre Zusammenarbeit

1992 wurde die „Heilpädagogik" von Meinertz, Kausen und Klein wieder aufgelegt, in der eine Integration medizinischer, psychologischer und heil- und sonderpädagogischer Ansätze unter behinderungsspezifischen Fragestellungen intendiert wird. Für die Forschung und Praxis ist die interdisziplinäre Zusammenarbeit als eine erstrebenswerte Aufgabe anzusehen, deren Verwirklichung durch eine Vielzahl von Faktoren erschwert oder verhindert werden kann. Ich muß mich hier mit einigen Hinweisen begnügen, wie in der Forschung eine gedeihliche Zusammenarbeit erreicht werden könnte. Als wesentlich für die Zusammenarbeit der Disziplinen erachte ich die Formulierung einer verbindenden Fragestellung. Eine derartige verbindende Fragestellung könnte beispielsweise aus den Bereichen menschlicher Entwicklung oder sozialer Integration stammen. Die Vertreter verschiedener wissenschaftlicher Disziplinen hätten in einem ersten Schritt nach einer von allen akzeptierbaren Definition der menschlichen Entwicklung oder sozialen Integration zu suchen. Wenn nun die Fragestellung darauf abzielte, welche Barrieren den Prozeß der Integration behindern, dann ließen sich beispielsweise juristische, institutionelle, gesellschaftspolitische, psychologische u. a. Gegebenheiten ausmachen. In einem nächsten Schritt könnte man nach Interdependenzen zwischen den genannten Gegebenheiten suchen usw. Jede der beteiligten Wissenschaften hat ihre Erkenntnisse und Methoden, die sie in ein gemeinsames Projekt einbringen kann. Das könnte Chancen für neue Sichtweisen und Lösungsansätze eröffnen.

5. Behinderungsformen

Von Bleidick u. a. (1981, S. 5–6) werden folgende Behinderungsformen angegeben: Sehbehinderungen, Blindheit, Schwerhörigkeit, Gehörlosigkeit, Körperbehinderungen, Lernbehinderungen, Sprachbehinderungen, Geistige Behinderungen, Verhaltensstörungen.

In der Fassung der Eingliederungshilfe-Verordnung der Bundesrepublik Deutschland aus dem Jahre 1975 (§ 39 BSHG vom 1. 2. 1975) werden die Behinderungsformen in 3 Gruppen eingeteilt (Grond, 1984, 280a):

1. Körperlich wesentlich Behinderte (Teilverlust oder Verlust von Gliedmaßen, Funktionseinschränkung von Gliedmaßen, Funktionseinschränkung der Wirbelsäule und des Rumpfes, Kleinwuchs und Entstellung, Funktionseinschränkung der inneren Organe, -systeme, Blinde und Sehbehinderte, Sprach- und Sprechstörungen, Taubheit, Schwerhörigkeit);
2. Geistig wesentlich Behinderte;
3. Seelisch wesentlich Behinderte (körperlich nicht begründbare Psychosen, körperlich begründbare Psychosen, Sucht, Neurosen und Persönlichkeitsstörungen).

Speck (1987, S. 6), der sich kritisch mit dem Behinderungsbegriff auseinandersetzt, nimmt folgende Klassifikationen vor:

1. Behinderungen als physische Schädigung und Funktionseinschränkung (Schädigungen im Bereich des Sehens, Schädigungen im Bereich des Hörens, stato-motorische Schädigungen, Schädigungen der sprachlichen Funktion, Einschränkungen der mentalen Funktion [Intelligenz]);
2. Sozio-emotionale Störungen;
3. Behinderung als soziale Kategorie.

6. Adaptation

In meiner Einleitung habe ich als zentrale Themen, die es zu behandeln gilt, die menschliche *Entwicklung* und die *Integrati-*

on hervorgehoben. Ich habe dann nach einem Oberbegriff gesucht, der sowohl theoretische Entwicklungs- als auch Integrationskonzepte subsumieren könnte. Als besonders brauchbar dürfte sich der Begriff der *Adaptation* für ein theoretisches Rahmenkonzept erweisen. Seine diesbezügliche Verwendung ist nicht neu. So haben vor einigen Jahren Uexküll und Wesiack eine Theorie der Humanmedizin vorgelegt, in der der Begriff der Adaptation als ein Kernstück ihrer Ausführungen bezeichnet werden kann. Sie definieren in dieser Arbeit Adaptation als einen „Vorgang, in dem sich Beziehungen zwischen Individuum und Umwelt herstellen und verändern" (Uexküll & Wesiack, 1988, S. 39). Sie fassen mit diesem Begriff einen Prozeß, „der Lebewesen und Außenwelt in sehr verschiedenartigen Zusammenhängen aufeinander abstimmt" (S. 39), zusammen. Als ein erstes einfaches Beispiel dafür möchte ich die fortlaufenden stato-motorischen Ausgleichsbewegungen anführen, die wir beim Gehen bei wechselnder Geländebeschaffenheit vornehmen. Ebenso wird aber auch eine progressive Muskeldystrophie oder Cerebralparese (s. u.) zu Adaptationen von Bewegungsabläufen führen. Von sportwissenschaftlich orientierten Theoretikern werden derartige Anpassungsvorgänge von Bewegungsabläufen mit dem Begriff Adapted Physical Activity gefaßt (Kiphard, 1983). Adaptation wird dabei folgendermaßen definiert: „Adaptation for our purpose, is defined as the dynamic, continuous, multidirectional, interactional processes by which individuals and the enviroment reciprocally change one another to empower life span physical activity and wellness" (Sherill, 1995, S. 14).

Wenn eine Theorie der Adaptation als Metatheorie fungieren soll, dann muß sie die vielfältigsten Formen individueller Individuum-Umweltbeziehungen beschreiben. Sie sollte daher auch den Variationen von Individuum-Umweltbeziehungen gerecht werden, die mit physischen, psychischen, sozialen und materialen Beeinträchtigungen verknüpft sind. Um diese Überlegungen konkreter zu machen, möchte ich ein Beispiel dazu anführen: Seit Jahren hilft mir ein Tutor bei einer einführenden universitären Lehrveranstaltung in die Sonder- und Heilpädagogik aus psychologischer Sicht. In vielen Situationen seines alltäglichen Lebens sind seine Bewegungsabläufe durch eine Cerebralparese erschwert. Er muß erhebliche physische und psychische Kraft aufwenden, um beim Gehen nicht zu stürzen. Als Hilfsmittel benützt er eine Krücke. Seine Behinderung erfordert die Variation, Modifikation und Neuorganisation von Bewegungsabläufen. Diese Fähigkeit zur Variation, Modifikation und Neuorganisation hat ihm auch geholfen, mit einem Computer schreiben zu lernen. Durch forschendes Suchen hat er entdeckt, daß er durch eine Drehung des gestreckten rechten Armes seinen Daumen sowohl ruhig genug halten, als auch gezielt bewegen kann. Dadurch ist es ihm erst möglich, die Tastatur des Computers zu bedienen. Das Schreibprogramm ist entsprechend seinen Möglichkeiten gestaltet. Die gegenseitige Abstimmung von Verhaltensorganisation und Schreibprogramm läßt sich als adaptativer Vorgang beschreiben.

Dieses Beispiel hilft mir auch, zwei sich ergänzende Seiten der Adaptation zu beschreiben. Dafür möchte ich auf die theoretischen Begriffe zurückgreifen, mit denen Piaget (1983) die sich ergänzenden Vorgänge der Individuum-Umweltbeziehung zu fassen versuchte. Er bezeichnete sie mit den Begriffen *Assimilation* und *Akkomodation*. Diese sind voneinander nicht „zu trennende und zugleich notwendige konstitutive Bedingungen der Adaptation" (Piaget, 1983, S. 176). Bei der Arbeit von Piaget, auf die ich mich beziehe, handelt es sich um eine Übersetzung seines Buches „Biologie et connaissance" aus dem Jahre 1967. Mit *Assimilation* bezeichnet Piaget einen Prozeß der Eingliederung in schon bestehende Strukturen. Damit ist gemeint, daß umweltliche Gegebenheiten und Vorgänge an schon bestehende Verhaltens- und Organisationsschemata assimiliert werden. Piaget erläutert das an folgendem Beispiel. „Wenn z. B. ein Baby die Gewohnheit aufgebaut hat, hängende Gegenstände zum

Schaukeln zu bringen (indem es sie leicht anstößt, ohne sie zu ergreifen) und dieses Verhalten auf ein neues, bis dahin unbekanntes Objekt anwendet, werden wir ebenfalls von einer „Assimilation" dieses neuen Gegenstandes oder dieser Situation an das Schema des Schaukelnlassens sprechen usw." (Piaget, 1983, S. 183). Nehmen wir einmal an, der Vater des Babys hat seine Taschenuhr vor dessen Augen aufgehängt, damit dieses frühzeitig den Zweck der Uhr als Zeitmesser begreift. Das übersteigt aber die Erkenntnismöglichkeiten des Babys. Es kann eine Uhr nur gemäß seiner bisher entwickelten Organisationsmöglichkeiten „verwenden". Deshalb wird es die Uhr anstoßen und zum Schaukeln bringen. Zu anderen Zwecken kann es die Uhr noch nicht nützen.

Besonders, wenn es um die Erfüllung vitaler Bedürfnisse geht, müssen umweltliche Gegebenheiten an die individuellen Möglichkeiten des Menschen angepaßt werden. Wenn ein Kind mit einer oralen Apraxie auf die Welt kommt und auf Grund seiner „Ungeschicklichkeit" von der Mutterbrust nicht trinken kann, muß man nach Mitteln und Wegen suchen, um die Ernährung des Kindes zu gewährleisten. So wird man nach einem solchermaßen geformten Sauger Ausschau halten, der auf die Spezifität des Saugvorganges abgestimmt ist. Wir bemühen uns, einen Sauger zu finden, der vom Kind assimilierbar ist. Dieses Beispiel führt uns aber auch dramatisch vor Augen, daß bei mangelnder Anpassung des Saugers an die Möglichkeiten des Kindes, dieses verhungern könnte. Die lebenserhaltende Individuum-Umweltbeziehung, die der Prozeß der Ernährung darstellt, würde abreißen und im schlimmsten Fall den Tod des Kindes herbeiführen.

Nun könnte es aber auch sein, daß durch gezielte Förderung der Mundmotorik ein Kind nach anfänglichen Schwierigkeiten doch von der Mutter Brust zu trinken lernt und diese Fertigkeit laufend verbessert. Diese Veränderung mundmotorischer Vorgänge bezeichnen wir als *Akkomodation.* Indem das Kind um eine Assimilation der Brust bemüht ist, akkomodiert es darüber-

hinaus mit Hilfe der Physiotherapeutin die Organisation seiner
Mundmotorik. Die damit beschriebene Differenzierung des
Adaptationsprozesses wird meine weiteren Ausführungen ent-
scheidend beeinflussen.

Auf Grund meiner Wortwahl in den angeführten Beispielen
könnte man den Eindruck gewinnen, daß sich die Anwendung
des Adaptationsbegriffes auf die Organisation des Verhaltens
beschränkt. Das wird aber nicht meinem Begriff von Adaptation gerecht, den ich viel weiter fassen möchte. Ich bin der Auffassung, daß dieser zur Beschreibung jeglicher Lebensformen in
Beziehung zur Umwelt dienen kann. Das meint ja auch Piaget,
wenn er z. B. von biologischen oder kognitiven Adaptationen
etc. schreibt. Besonders eindrucksvoll sind die adaptativen Leistungen des menschlichen Gehirns, welches Seitelberger (1981)
als Adaptationsorgan auffaßt. Es ist das Organ (bio-)psychi-
scher Prozesse. Die Adaptation (bio-)psychischer Prozesse wird
aus der Schilderung meines Tutors ersichtlich. U. a. beschreibt
er, wie er den Prozeß des Schreibens am Computer zuerst in der
Vorstellung durchspielte. Das beinhaltete einerseits Vorstellungen über Handlungssequenzen und andererseits über Modifikationen des Schreibprogrammes, die seinen Möglichkeiten angemessen sein könnten. Das Beispiel vom oral-apraktischen Baby,
das trinken lernt und jenes von meinem Tutor, der die Fertigkeit, mit dem Computer zu schreiben, erwirbt, zeigt die Spann-
weite der Anwendbarkeit des Adaptationskonzeptes. Ich gehe
dabei hypothetisch davon aus, daß die Adaptationsprozesse
beim Baby durch keine bewußte Antizipation verschiedener
Saugmuster zustandegekommen sind. Hingegen hat mein Tutor
Bewegungsvarianten zuerst in der Vorstellung ausprobiert.

Ein Bereich, auf den ich bislang noch nicht eingegangen bin, ist
jener des Spürens und Fühlens. So können beispielsweise körperliche oder seelische Schmerzen adaptative Prozesse in einschneidender Weise beeinflussen. Eine zwischenmenschliche emotionale Beziehung läßt sich ebenfalls als adaptativer Prozeß
beschreiben. Akkomodations- und Assimilationsvorgänge kon-

stituieren bei beiden Partnern die Adaptationsvorgänge. Wenn keine ausreichende Adaptation mehr stattfindet, lösen sich Beziehungen auf. Es kann auch vorkommen, daß Eltern es nicht mehr ertragen, ein behindertes Kind zu haben und dieses weggeben oder töten.

Der Erlebensbericht von Claudias Mutter zeigt uns mehrmals einen drohenden Stillstand adaptativer Vorgänge. Glücklicherweise kommt es aber dann doch wieder zu den notwendigen Anpassungsleistungen. Für den Moment erscheint der adaptative Prozeß einzufrieren, wenn sie sich fragt: „Wie kann ich lernen, mit Claudia zu leben, ohne daß ihre Retardiertheit mich in Verbitterung erstarren läßt?" Der akkomodative Prozeß in ihrem Fühlen und Denken wird dann erkennbar, wenn sie ein paar Zeilen weiter unten schreibt: „Muß ich mich an den Gedanken gewöhnen, ein behindertes Kind zu haben? Irgendwie weiß ich es ..." (Meister--Steiner, 1989, S. 21).

7. Menschliche Entwicklung und soziale Integration

Wir verwenden heute zunehmend den Begriff der „bio-psycho-sozialen Einheit Mensch", um damit auszudrücken, daß eine segmentierte und gesonderte Beschreibung der in dem Begriff enthaltenen Dimensionen die Sichtweise verkürzt. Wie aus meinen weiteren Ausführungen ersehbar sein wird, inkludiere ich in den Begriff von Entwicklung biotische, psychische, soziale und noch andere Aspekte. Im Prozeß von Entwicklung verwickeln sich diese Dimensionen untrennbar ineinander. Entwicklung ist in diesem Sinn auch bio-psycho-soziale Verwicklung. In diesem Prozeß von Entwicklung spielen Akkomodation und Assimilation eine wichtige Rolle, da sie die Anpassung an sich verändernde Gegebenheiten und Vorgänge ermöglichen. Veränderung ist ein Charakteristikum von Entwicklung. Die hier angesprochenen adaptativen Vorgänge, die mit Veränderungen des Individuums und seiner Lebenswelt verknüpft sind, sind also das Resultat organisierender interaktioneller Prozesse des Individuums.

Die organisierende Potenz des Individuums „verwendet" Gegebenheiten und Vorgänge der Umwelt, genetische Informationen und andere somatische Faktoren. Ich werde auch diesen Aspekt weiter unten noch deutlicher herausarbeiten. Eine gewisse Annäherung an mein Verständnis von Entwicklung habe ich bei Kossakowski (1991, S. 71) gefunden, wenn er von der: „Betrachtung der heranwachsenden Persönlichkeit als ein mit seinen Umweltbedingungen ... aktiv interagierendes Handlungssubjekt, das die Umweltbedingungen und Umwelteinwirkungen seinen Intentionen gemäß wahrnimmt und verarbeitet, auf sie einwirkt, sie verändert und sich in diesem aktiven Wechselwirkungsprozeß entwickelt", schreibt. Weiterführend erachte ich auch für die Auseinandersetzung mit dem Entwicklungsgedanken die Einbeziehung alters- und kulturspezifischer Entwicklungsaufgaben in entwicklungstheoretische Überlegungen für wichtig. Havighurst (1952) nennt sie developmental tasks, die dem Menschen aufgegeben sind. Behinderungen können eine altersentsprechende Bewältigung von Entwicklungsaufgaben verzögern oder verunmöglichen. In derartigen Fällen ist es notwendig, gesellschaftliche Erwartungen zu modifizieren bzw. die kulturspezifischen Entwicklungsaufgaben den Möglichkeiten des behinderten Menschen anzupassen.

Man kann sich der Aufgabe einer systematischen verallgemeinernden Fassung des Entwicklungsprozesses von verschiedener Richtung her annähern und damit jeweils andere Aspekte als wesentlich in den Vordergrund rücken. So wurden in älteren Abhandlungen besonders dem Menschen immanente Reifungsprozesse herausgestrichen und ein phasenhafter Verlauf der Entwicklung postuliert (Busemann, 1965; Kroh, 1951). Diese Betrachtungsweise ist zunehmend von Lern- und Milieutheoretikern kritisiert worden, die den Einfluß umweltlicher Gegebenheiten und Vorgänge betonten. Einen wichtigen Schritt zur Überwindung dieser kontroversen Standpunkte stellt die konstruktivistische Theorie von Piaget (1949) dar, gemäß der das Individuum seine Entwicklung organisiert. Derzeit lassen sich

diese verschiedenen Gesichtspunkte wohl am besten in systemtheoretisch orientierten Entwicklungstheorien unterbringen
(Bronfenbrenner, 1981; Schmidt-Denter, 1991).

Ich habe oben Entwicklung als einen die Lebensspanne umfassenden Prozeß bezeichnet. Auch der Alterungsprozeß und damit
verknüpfte Veränderungsvorgänge, die wir als Abbau bezeichnen, sind demgemäß eine Form von Entwicklung. Im Wörterbuch der Psychologie (Dorsch, 1987, S. 176) wird von einer
Gegenläufigkeit der Entwicklung im Sinne einer Rückentwicklung gesprochen. Bezieht man sich auf die nachstehende Definition von Werner läßt sich diese Rückentwicklung als fortschrei-
tende Entdifferenzierung und gleichzeitige Dezentralisierung
beschreiben. Werner (1953) hat „Entwicklung als Prozeß der
fortschreitenden Differenzierung (Ausgliederung von Teilfunk-
tionen aus diffusen Ganzheiten) und der gleichzeitigen Zentrali-
sierung (vereinheitlichende Zusammenfassung der Teilfunktio-
nen auf ein Ziel hin)" definiert (zit. nach Dorsch, 1987, S. 176).
Ich selbst betrachte mit dem Alter einhergehende Veränderungsvorgänge nicht als Rückentwicklung sondern als Entwicklung.

Ich habe in der Einleitung als einen zweiten wichtigen Themenkreis neben jenem der Entwicklung die soziale Integration angeführt. Die Lösung der damit zusammenhängenden Fragen und
Probleme ist wiederum eng mit aktuellen anthropologischen
Vorstellungen verknüpft. Ich werde mich damit unter dem Kapitel materiale/geistige Welt etwas mehr befassen. Auch wenn ich
die Bedeutung der sozialen Integration als Thema von zentraler
Bedeutung herausstreiche, kann ich es in dieser Arbeit nicht
ausführlich und systematisch abhandeln. „Integration heißt dem
Wortsinn nach die Herstellung und Vervollständigung eines
(unvollständigen) Ganzen" (Cloerkes, 1983, S. 86). Das Ziel
der Integration ist die Erreichung eines befriedigenden Status
und einer akzeptierten Rolle für Menschen mit Behinderungen
innerhalb einer Gesellschaft. Ich verstehe Integration nicht solchermaßen, daß sich behinderte Menschen vollständig an die
Gesellschaft anzupassen haben. Dann bestünde ja seitens der

Gesellschaft keine Notwendigkeit, den Bedürfnissen und Erfordernissen behinderter Menschen Rechnung zu tragen. Ebenso heißt für mich soziale Integration nicht, daß eine vollständige Anpassungsleistung der Gesellschaft an die Bedürfnisse und Erfordernisse von Menschen mit Behinderungen zu erfolgen hat. Dann fiele ja für Behinderte die Notwendigkeit weg, gesellschaftliche Erfordernisse in ihre Lebensgestaltung miteinzubeziehen. Wir hätten es in den beiden genannten Varianten mit Adaptationsvorgängen zu tun, die nur jeweils einen Partner betreffen. Für einen gemeinsamen Entwicklungsprozeß, der alle Mitglieder einer Gesellschaft einschließlich der in ihr lebenden Menschen mit Behinderungen umfaßt, sind adaptative Vorgänge auf beiden Seiten notwendig. Das Verständnis von Integration verlagert sich damit dahingehend, daß sie als ein wechselseitiger Veränderungsprozeß aufgefaßt wird: „Soziale Integration" ist „nicht als *einseitige*, eindimensionale Anpassungs- und Eingliederungsstrategie" zu verstehen, sondern beinhaltet ein *wechselseitiges*, emanzipatorisches und solidarisches Verändern des bisherigen Zustandes durch Behinderte wie Nichtbehinderte" (Cloerkes, 1983, S. 92). Ein derartiges kooperatives Modell von sozialer Integration erfordert den Abbau äußerer und innerer Barrieren.

8. Faktoren bio-psycho-sozialer Entwicklungsvarianten

Wenn ich an Claudia denke, dann frage ich mich auch, welche Rolle wohl die cerebrale Schädigung und die Sehbehinderung im Prozeß der bio-psycho-sozialen Entwicklung gespielt haben. Welche Spuren mögen die Einschränkungen visuellen Wahrnehmens und die cerebrale Schädigung in der bio-psychischen Organisation des Kindes und der Mutter hinterlassen haben? Diese Frage kann wohl nur rudimentär beantwortet werden, wenn wir die unglaubliche Komplexität von Faktoren in Betracht ziehen, die den Prozeß von Entwicklung konstituieren. In diesem Prozeß haben Gegebenheiten und Vorgänge eine

Bedeutung, die ich unzureichend als Stoff, Materialien oder Bauelemente bezeichne. Die Beschaffenheit derartiger Materialien, das Fehlen von Bauelementen u. a. m. variiert den Vorgang der Entwicklung. Ich pflege, das mit der Situation eines Malers zu vergleichen. Bei aller Kreativität wird die Qualität seiner Bilder auch von den Materialien abhängen, die ihm verfügbar sind. Ein Fetzen Papier und ein roter Ziegelstein beschränken ihn gegenüber einer Situation, bei der er vielfältige Farben, eine Leinwand, verschiedenste Pinsel etc. verwenden kann, einschneidend in seinen Gestaltungsmöglichkeiten.

Ich werde nun einige Überlegungen zu den erwähnten Materialien anstellen. Dabei werde ich vier Gruppen unterscheiden. Diese vier Gruppen habe ich vor einigen Jahren in ihren Grundzügen erstmals skizziert (Reinelt, 1986). Außerdem werde ich in den folgenden Ausführungen auch der Frage nachgehen, welche innerpsychischen und sozialen Konsequenzen mit mangelhaften Materialien verknüpft sein können.

8.1 Körperliche Ausstattung und Entwicklung

Wenn ich vorerst einmal formuliere, daß körperliche Gegebenheiten und Prozesse in Interaktion mit umweltlichen Gegebenheiten und Vorgängen treten, ist das keinesfalls eine befriedigende Beschreibung. Ich werde damit einer Sichtweise nicht gerecht, die ich an anderer Stelle als „bio-psycho-soziale Verwebung" beschrieben habe (Reinelt, 1992, S. 65, 66). Was ich hier niederschreibe, ist das Ergebnis einer eindimensionalen Betrachtungsweise eines mehrdimensionalen Vorganges. Ich werde mich aber darum bemühen, exemplarisch die eine oder andere Facette der Mehrdimensionalität des Geschehens zu veranschaulichen.

Zu den von mir so genannten Materialien der Entwicklung gehören die genetischen Programme. Sie stellen unglaublich komplizierte Organisationspläne dar, die von der Desoxyribonukleinsäure (DNS) gespeichert werden. Die Realisierung dieser

Programme in entsprechende Strukturen und Funktionen erfolgt durch die Ribonukleinsäure (RNS). Wir können die DNS als einen Bauplan betrachten, dessen Ausführung durch die RNS organisiert wird. Nun enthält der Bauplan Mensch auch generelle, also mit allen Menschen übereinstimmende Informationen. Manchmal weichen allerdings bei jemandem Elemente des Bauplanes von diesem universellen Muster ab. Diese Information kann dann zu phänotypischen oder funktionellen Modifikationen führen. Exemplarisch führe ich dafür die Trisomie 21 (Down-Syndrom) an.

Neben genetischen Variationen eines universellen Bauplanes können andere mangelhafte oder fehlende Materialien den Prozeß der Entwicklung variieren. Ein Beispiel dafür ist die Phenylketonurie (Störung des Aminosäurenstoffwechsels). Dem Organismus müssen entsprechende Stoffe zugeführt, von diesem transformiert und ausgeschieden werden, damit der Bauplan realisiert werden kann. Schwere Ernährungmängel werden u. a. dazu führen, daß das Ausmaß des genetisch vorgegebenen Längenwachstums nicht erreicht wird. Neben genetischen Fehlern und Stoffwechselstörungen können prä-, peri- oder postnatale Schädigungen des Organismus durch Einwirkungen von Viren, Sauerstoffmangel, Strahlen oder Chemikalien, mechanische Schädigungen etc. adaptative Vorgänge dahingehend variieren, daß Behinderungen entstehen. Diese kristallisieren in der Individuum-Umweltbeziehung als Benachteiligungen.

Hervorheben möchte ich auch noch die Schädigung organischer Grundlagen der „Wahrnehmungssysteme" (Gibson, 1973). Diese können verschiedene Ebenen der Informationsaufnahme und -verarbeitung betreffen. So können das periphere Hörorgan, sensorische Hörbahnen oder corticale Hörregionen geschädigt sein. Dasselbe gilt für die organischen Grundlagen des Sehens, Schmeckens, Riechens, Tastens und grundlegenden Orientierens (Vestibularorgan). Die Beeinträchtigung dieser Wahrnehmungssysteme erschwert das „Tuchfühlung nehmen mit der Welt" (Gibson, 1973).

Ich habe bislang Aspekte der körperlichen Ausstattung und Entwicklung isoliert von anderen Gegebenheiten und Vorgängen betrachtet. Zwar habe ich erwähnt, daß die körperliche Ausstattung und Entwicklung durch den Prozeß der Adaptation beeinflußt wird, ohne daß ich das aber bis zu diesem Zeitpunkt konkreter gemacht habe. Eine derartige Konkretisierung verlangt bereits einen Vorgriff auf andere Materialien, die ich unter den Oberbegriffen psychosoziale Lebenswelt, materiale/geistige Lebenswelt und zielgerichtete Eigenaktivität zusammenfasse. Facetten des Fallbeispiels, welches ich nachstehend verwende, stammen aus einer Arbeit von Freedmann (1976, S. 934 f.). In diesem Artikel befaßt sich der Autor u. a. mit der Entwicklung von Kindern mit kongenitaler Blindheit. Das bringt uns wieder zu der schon mehrmals angeschnittenen Frage, wie das Fehlen einer derartig bedeutsamen Wahrnehmungsmöglichkeit den interaktionellen Vorgang der Entwicklung verändert. Vor allem möchte ich mich hier auf die psychische und soziale Entwicklung beziehen. In seinem Resümee zur Entwicklung kongenital blinder Kinder konstatiert Freedmann, daß ca. 25 % ein autismusähnliches Syndrom entwickeln. Das könnte uns vorschnell auf den Gedanken bringen, daß das autistisch anmutende Verhalten durch die Blindheit verursacht wird. Freedmann kommt allerdings auf Grund seiner akribischen Fallstudien zu einer anderen Sichtweise. Er zeigt auf, daß das autistisch anmutende Verhalten dieser Kinder in einem Zusammenhang mit dem Verhalten der primären Bezugsperson zu sehen ist. Die Bezugsperson ist gleichzeitig Repräsentantin von sozialer Lebenswelt des Kindes. Wenn sie ihr auf das Kind bezogene Verhalten nicht auf dessen Bedürfnisse nach Kommunikation und zärtlicher Zuwendung abstimmen kann, wird dieses Aspekte der Bezugsperson nicht ausreichend assimilieren. Damit fallen aber auch Anstöße weg, akkomodative Vorgänge der Organisation seines Beziehungsverhaltens und -erlebens aufzubauen, zu erweitern, zu modifizieren etc. Das Faktum des Ausfalls einer Sinnesmodalität, eine frühkindliche Hirnschädigung, chromosomale Aberrationen, körperliche

Altersgebrechen bieten also keine ausreichenden Grundlagen, um den Verlauf der Entwicklung zu prognostizieren. Es können allerdings somato-psychische Strukturen, Funktionen und Organisationssysteme durch somatische Beeinträchtigungen dermaßen einschneidend betroffen sein, daß der Spielraum für Entwicklungsvarianten gravierend eingeschränkt bleibt. Die Frage bio-psychischer Repräsentanzen interaktioneller – die Bezugsperson(en) betreffende – Aktivitäten als organisierende und organisierte Faktoren und die damit verknüpften Erlebensaspekte werden noch zu behandeln sein. Daraus ergeben sich auch Konsequenzen für das soziale Verhalten. Bevor ich die entsprechenden Überlegungen weiterführe, möchte ich das Thema soziale Lebenswelt entfalten.

8.2 Soziale Lebenswelt

„Wird Claudia stark genug sein, für sich emotional zu sorgen, Beziehungen herzustellen und sich zu behaupten? ... Im Hinblick auf ihre Zukunft scheint es mir wichtig, Claudia gerade in ihrem Sozialverhalten möglichst zu fördern, sodaß sie von sich aus Kontakte herstellen und Beziehungen aufbauen lernt. So könnte ihr vielleicht später einmal emotionale Isoliertheit erspart bleiben" (Meister-Steiner, 1989, S. 50).
Die Mutter von Claudia, die diese Zeilen schreibt, ist die tragende Basis für die Entwicklung der *sozialen Lebenswelt* des Kindes. Ich verwende diesen Begriff zur Bezeichnung aller zwischenmenschlichen Kontakte, Begegnungen, Beziehungsformen und Konfrontationen (Integration). Neben der körperlichen Ausstattung und Entwicklung sind Gegebenheiten und Vorgänge der sozialen Welt Materialien für den Entwicklungsprozeß. Sie variieren die Organisation und unterliegen ebenso der Variation durch die Organisation. Sie sind mit anderen Worten Organisatoren und Organisate. Ich bezeichne hier mit anderen Worten jene Vorgänge, die den Prozeß der Adaptation konstituieren, nämlich die Assimilation und die Akkomodation. Bewegungen

der Annäherung und Distanzierung im sozialen Feld sind überwiegend als interaktionelle Vorgänge zu sehen. Ich möchte das hier ausdrücklich nochmals betonen, auch wenn ich manchmal Gegebenheiten und Vorgänge im sozialen Feld beschreibe, als seien sie keine Komponenten oder Konfigurationsverläufe in einem interaktionellen System.

Für die Entwicklung eines sozialen Bewußtseins und sozialer Verhaltensweisen sind förderliche soziale Erfahrungen unerläßlich notwendig. Die frühkindlichen Beziehungserfahrungen müssen „good enough" sein, damit das heranwachsende Menschenkind selbst sozial fühlen, denken und handeln lernt. Winnicott (1985) hat von der „good enough mother" geschrieben, um damit auszudrücken, daß es eine Grenze der Qualität mütterlicher Fürsorge und Verantwortung gibt, deren Unterschreitung für das Kind negative Folgen nach sich zieht. Ich formuliere das allgemeiner und schreibe also von „good enough Beziehungserfahrungen." Dafür gibt es eine große Zahl von Dokumenten, die mehr oder weniger wissenschaftlich abgesichert sind.

In Dunkelheit gehüllt sind allerdings die ersten Lebensjahre von Einzelschicksalen, wie jene des Wilden von Aveyron oder der Wolfskinder in Indien. Daher läßt sich auch nicht der Einfluß körperlicher und sozialer Gegebenheiten und Vorgänge für deren frühkindliche psychosoziale Entwicklung ermessen. Ohne genaueres Wissen um diese Voraussetzungen bleibt die Aussagekraft des faszinierenden wissenschaftlichen Experimentes des französischen Arztes und Pädagogen Itard begrenzt. Als man um das Jahr 1800 in der Nähe von Caune ein ungefähr 11–12jähriges Kind einfing, welches alleine im Wald lebte, sich meist wie ein Tier auf allen vier Gliedmaßen fortbewegte und nicht sprechen konnte, übernahm nach anfänglicher Unterbringung des Knaben in einer Pariser Taubstummenanstalt Itard die Aufgabe der Erziehung und Unterrichtung des Kindes. Für diese Aufgabe entwickelte er Methoden von grundlegender Bedeutung für die Sonder- und Heilpädadodik. Auch wenn Itard erstaunliche Ergebnisse in der Erziehung und Unterrichtung des Wildkindes erzielen konnte, hat sich der erhoffte Erfolg doch in Grenzen gehalten. Zwar liegt es nahe, das auf die frühkindliche Lebenssituation zurückzuführen, in der das Kind isoliert von Menschen aufwuchs, doch können ebenso andere Faktoren, wie eine frühkindliche Hirnschädigung oder eine intellektuelle Minderbegabung ein besseres Resultat der Förderung verhindert haben.

Es gibt aber wissenschaftlich gut dokumentierte Berichte und Untersuchungen, die nachweisen, daß Abbrüche von Beziehungen in der frühen Kindheit, extreme Vernachlässigung, Ablehnung und Feindseligkeit, ein häufiger Wechsel von Bezugspersonen etc. ein Risiko für eine gedeihliche psychosoziale Entwicklung darstellen. Ich gehe sogar noch einen Schritt weiter und behaupte, daß die genannten Gegebenheiten und Vorgänge – diese unzureichenden Materialen für den Entwicklungsprozeß – auch Folgen für die biotische Entwicklung nach sich ziehen. Ich meine damit also, daß soziale Vorgänge und Gegebenheiten Aspekte der körperlichen Ausstattung und Entwicklung variieren. Beide Ebenen kovariieren. Die sozialen Gegebenheiten und Vorgänge können zu einem Risikofaktor für das Eintreten körperlicher Krankheiten und Schädigungen werden. Sie dürften auch die zentralnervöse Entwicklung variieren und modifizieren. Ich beziehe mich in meinen Überlegungen auf Untersuchungsergebnisse, wie sie etwa von Akert (1979) beschrieben wurden. Demgemäß hängt die Aussprossung der Dendriten bei spezifischen Nervenzellen von der Aktivierung ihres Wachstums durch Umweltreize ab. Daneben existieren noch andere Zelltypen, bei denen der Ort ihrer Vernetzung genetisch programmiert ist oder in keiner vorhersehbaren Art und Weise erfolgt.

Einiges spricht also dafür, daß das Fehlen gewisser frühkindlicher Erfahrungen einen Niederschlag in der zentralnervösen Organisation psychischer Prozesse hinterläßt. Ich wage es deshalb auch, eine Hypothese von großer Reichweite zu formulieren: *Urvertrauen* ist das Ergebnis sozialer frühkindlicher Erfahrungen, die strukturell und funktionell im zentralen Nervensystem (ZNS) ihren Niederschlag finden. Der Begriff des Urvertrauens stammt von Erikson (1963). Ich sehe im Urvertrauen den innersten Kern zwischenmenschlicher Beziehungsfähigkeit. Im Prozeß der Assimilation und Akkomodation entsprechender frühkindlicher sozialer Bedingungen entsteht jene substantielle Organisation, die im Erleben als Vertrauen empfunden wird. Als Folge eines informationsverarbeitenden Prozesses erhält es eine strukturelle und funktionelle Verankerung im ZNS. Ich erweitere meine Aussage noch dahingehend, daß Urvertrauen eine bio-psychische Aktivität darstellt. Damit möchte ich zum Ausdruck bringe, daß über die zentralnervöse Organisation psychischer Pozesse hinaus, weitere somatische Gegebenheiten und Vorgänge eingebunden werden. Körperliche Phänomene, wie der Atemrhythmus, Muskelaktivitäten, hormonelle Prozesse etc. sind als Teilvorgänge dieser Organisation zu verstehen. Sie sind konstituierende Faktoren der Organisation. Andere bio-psychische Konfigurationen sind hingegen mit dem Urmißtrauen verknüpft. Einen indirekten Beleg für die oben formulierte Hypothese sehe ich auch darin, daß Urvertrauen und Urmißtrauen von außerordentlicher Stabilität gegenüber Einwirkungen sind. Die verschiedenen therapeutischen Ansätze und Methoden, mit denen man Menschen mit einem frühverwahrlosenden Schicksal zu helfen versucht, sind zahlreich und zeigen die Grenzen des Veränderbaren. Dies ist nun keinesfalls als resignative Haltung gegenüber jenen sozialtherapeutischen und pädagogischen Bemühungen zu verstehen, die auf bessere Lebensbewältigung und soziale Integration abzielen. Ich meine aber, daß sich ein in späteren Jahren erworbenes Vertrauen „substantiell" von dem frühkindlich erworbenen Urvertrauen unterscheidet. Das Urvertrauen ist widerstandsfähiger gegen Zerstörung als das später erworbene Vertrauen. Den Prozeß der Verinnerlichung interaktioneller Aktivitäten sozialer Beziehungen werde ich im Zusammenhang mit dem Kapitel „zielgerichtete Eigenaktivität" ausführlicher beschreiben.

Ich vertrete hier also die Position, daß gewisse interaktionelle Varianten das Risiko für die Entwicklung einer neurofunktionellen Organisation psychosozialen Verhaltens erhöhen, welches das menschliche Zusammenleben beeinträchtigt. Die Gegebenheiten und Vorgänge im sozialen Umfeld können in einer offenkundigen oder auch sehr subtilen Form Menschen an Leib und Seele schädigen und im Gefolge Behinderungen der Betroffenen nach sich ziehen. Offenkundig ist das bei gewalttätigen Handlungen, die zu Verletzungen mit physischen und psychischen Beeinträchtigungen führen. Subtiler Art sind jene Beziehungsformen, deren entwicklungshemmmende und schädigende Einflüsse erst bei einer Analyse interaktioneller Kommunikationsformen erkennbar werden.

Von einer kommunikationstheoretisch orientierten Schizophrenieforschung wird ein sogenanntes double-bind Verhalten von Bezugspersonen als Anlaß zur Entwicklung einer Schizophrenie erachtet. Diese verwirren das heranwachsende Kind durch widersprüchliche Botschaften. Botschaften der Körpersprache weichen massiv von jenen des gesprochenen Wortes ab. So sagen sie z. B. dem Kind: „Ich habe Dich gerne" und gleichzeitig wird in Körperhaltung, Gestik und Mimik das Gegenteil sichtbar. Die doppelbödigen Informationen machen gemäß der hier angedeuteten Schizophrenieforschung schließlich krank, spezifisch, wenn eine erhöhte Vulnerabilität des Kindes vorliegt. Forschungsergebnisse der systemischen Familientherapie verweisen ebenfalls auf schädigende kommunikative Interaktionsformen. Derartige Interaktionsformen können bei Familien gefunden werden, bei denen ein Mitglied an einer Anorexia nervosa erkrankt. Dieses Krankheitsbild geht mit einer Veränderung von Körperfunktionen einher (z. B. Sistieren der Regel bei Frauen, extremer Gewichtsverlust, Atrophien im ZNS etc.).

Ich selbst bin durch meine langjährige sowohl tiefenpsychologisch als auch körpertherapeutisch orientierte Arbeit ebenfalls zur Auffassung gelangt, daß soziale Figurationen der Lebenswelt eines Menschen anatomische Gegebenheiten und organismische Funktionen modifizieren können. Mit anderen Worten heißt das, daß die bio-psychische Organisation sozialer Informationen durch Assimilation und Akkomodation nicht mehr ausreichend gelingt. In einem solchen Fall hinterlassen soziale Erfahrungen körperliche Spuren, die durch die medizinische Diagnostik sichergestellt werden können. Ihre Genese erschließt sich allerdings meist erst aus lebensgeschichtlichen Zusammenhängen und Situationen. Diese können in eindrucksvoller Weise das Mißlingen der körperlichen und seelischen Bewältigung innerfamiliärer Beziehungs- und Kommunikationsformen vor Augen führen.

Das Mißlingen adaptativer Prozesse kann in verschiedenen Beeinträchtigungen wie Asthma, Sprachstörungen etc. seinen Ausdruck finden. Ich meine, daß wir mit Fug und Recht behaupten können, daß organismische Strukturen und Funktionen auch einer sozialen Genese ihrer Ausformung und Organisation unterliegen. Deshalb ist es oft auch so schwierig, soziale von körperlichen Faktoren bei Fehlentwicklungen zu trennen (Reinelt, 1990). Der scheinbar handfeste Anlaß verschleiert oft die komplexe Verwicklung des soziophysischen Prozesses. Ich möchte das an einem Beispiel dokumentieren: Ich habe in meinen Ausführungen zum Themenschwerpunkt körperliche Ausstattung und Entwicklung von einem Säugling berichtet, der wegen einer oralen Apraxie Trinkschwierigkeiten hatte. Es sei mir erlaubt, eine fiktive weitere Entwicklung anzudeuten. Nehmen wir einmal an, daß sich der zuständige Arzt in einer tiefenpsychologischen Ausbildung befindet und gerade ein Seminar über unbewußte Prozesse und Abwehrmechanismen besucht. Dies könnte ihn dazu verführen, das Mißlingen des Stillens auf eine unbewußte Ablehnung des Kindes durch die Mutter zurückzuführen. Aus mangelnder therapeutischer Erfahrung würde er möglicherweise die Mutter mit seiner Deutung konfrontieren und diese damit in eine große Verunsicherung stürzen. Durch ein das Kind bedrängendes Verhalten könnte sie versuchen, das Gelingen des Stillens zu erzwingen. Für den Säugling würde sich das Hungererleben mit taktilkinästhetischen mütterlichen Reizen paaren, die er weder assimilieren noch akkomodieren kann. Er müßte deshalb künstlich ernährt werden. Die Mutter würde sich als Versager erleben, weil sie ihr Kind nicht ernähren kann usw. So könnte sich eine „neurotische Beziehungsspirale" entwickeln, die durch das Zusammenspiel einer Reihe von Faktoren bedingt wäre. Ich habe mich hier darauf beschränkt, als drei konstituierende Faktoren des Problems die vom Arzt nicht erkannte orale Apraxie des Kindes, seine Aussage, daß die Mutter das Kind ablehne, und ihre Verunsicherung zu postulieren. In meinem fiktiven Beispiel wird der Mutter die unbewußte Ablehnung unterstellt. In anderen Fällen kann sie aber eine durchaus brauchbare Arbeitshypothese abgeben.

Bei der überragenden Bedeutung, die ich der sozialen Lebenswelt für das menschliche Leben über die gesamte Lebensspanne zumesse, müssen wir uns immer wieder die Grenzen der Belastbarkeit jener vor Augen führen, die unter schwierigen sozialen, emotionalen und materiellen Bedingungen um Familienangehörige mit Behinderungen bemüht sind. Die Anforderungen können bis zur totalen physischen und psychischen Erschöpfung führen. Da ist Hilfe von privaten und staatlichen Organisationen notwendig, damit der Familienverband nicht zerbricht. Da stellt sich auch die Frage nach gesellschaftspolitischen Orientierungen im Staat. Welche Hürden und Barrieren gilt es zu überwinden, um durch staatliche Institutionen und Einrichtungen unterstützt zu werden? Diese Überlegungen führen uns zu dem Themenkreis „Materiale und geistige Welt", mit dem wir uns auseinanderzusetzen haben.

8.3 Materiale/geistige Lebenswelt

Die materiale und geistige Lebenswelt ist von großer Bedeutung für die Lebensgestaltung von Menschen mit körperlichen oder psychischen Beeinträchtigungen und deren Bezugspersonen. Wie können wir die moralische Forderung erheben, daß Eltern eines Kindes mit schweren körperlichen und geistigen Schädigungen dieses dahingehend zu erziehen haben, daß es beziehungs- und kooperationsfähiger wird, wenn öffentliche Institutionen die Bemühungen nicht unterstützen oder falsche Wege des Helfens einschlagen. Für das Überleben und eine gedeihliche Entwicklung ihrer Kinder benötigen manche Eltern tatkräftige Hilfe, damit sie die notwendige Kraft für Beziehung und Erziehung aufbringen können.

Neben den sozialen Informationen von zwischenmenschlichen Kontakten, Begegnungen, Konfrontationen etc. existieren Gegebenheiten und Vorgänge, die entweder nicht oder nicht unmittelbar mit zwischenmenschlichen Kontaktformen verknüpft sind. Das können dann Gegebenheiten, Objekte, Vorgänge sein, die entweder durch den Menschen entstanden sind oder die nichtmenschliche belebte und unbelebte Welt repräsentieren, wobei eine Grenzziehung oft mit erheblichen Schwierigkeiten verbunden ist. Die laufenden Veränderungen in unserer Lebenswelt erfordern eine lebenslange Adaptation. Die spezifische Lebenswelt variiert den Adaptationsvorgang. Ein Mensch mit einer schweren Bewegungsbehinderung, der in unwegsamem, steilem Gelände auf einem Bergbauernhof aufwächst, findet eine andere Situation vor, als jemand mit einer ähnlichen Behinderung, der im Flachland lebt. Unebenheiten und schlecht begehbare Geländeformationen beschränken den Bewegungsspielraum und den Einsatz technischer Mittel. Diese Situation läßt sich auch auf die durch den Menschen geschaffenen Lebensräume übertragen. Auch hier gibt es Varianten, die den körperlichen, geistigen und sozialen Bewegungsspielraum einschränken oder erweitern: Mein Tutor muß über eine steile, geländerlose Treppe zum Hörsaal des ehemaligen Interfakultären Institutes für Sonder- und Heilpädagogik hinaufsteigen. Das ist bei seiner Bewegungsbehinderung ein Kraftakt, der höchsten physischen und psychischen Einsatz erfordert. Weder im Institutsgebäude noch im Vorlesungsbereich der Universitätskliniken für Psychiatrie und Neuropsychiatrie des Kindes- und Jugendalters existieren bislang für Rollstuhlfahrer adaptierte Toiletten. Mit akustischen Signalen gekoppelte Verkehrsampeln, wie wir sie in skandinavischen Ländern vorfinden können, fehlen in Wien fast gänzlich. Ich könnte mit zahllosen Beispielen fortfahren, die eine Teilnahme am gesellschaftlichen Leben und dessen aktive Mitgestaltung behindern oder verhindern. Vielerlei Gründe sind dafür verantwortlich, daß es teilweise unüberwindbare Hindernisse städtebaulicher Art, der Infrastruktur etc. gibt. Sie sind oft materialisierte Transformationen von *geistigen Barrieren* oder von Gedankenlosigkeit und mangelndem Problembewußtsein. Sie können aber auch Zeichen einer bewußten Ausgrenzung durch die Gesellschaft oder Gesellschaftsgruppierungen sein. In manchen Fällen wiederum sind unterschiedliche Anforderungen nur schwer vereinbar: z. B. Gehsteigabschrägungen für Rollstuhlfahrer versus gut ertastbare Gehsteigkanten für Sehbehinderte.

Ich habe oben den Begriff der *(geistigen) Barrieren* deswegen hervorgehoben, weil er die Möglichkeit bietet, vergangene und existierende Lebenswelten systematisch auf behindernde und einschränkende Bedingungen zu untersuchen. Zugrunde legen könnten wir einer derartigen Untersuchung die utopische Vorstellung einer barrierefreien Gesellschaft in der „alle Einrichtungen für alle Menschen in jedem Alter und mit jeder Einschränkung oder Behinderung ohne technische und soziale Abgrenzung nutzbar sind" (Philippen, 1994, S. 129). Wenn wir von einem derartigen utopischen Maßstab ausgehen, werden wir feststellen, daß es gravierende Unterschiede zwischen verschiedenen Gesellschaften und Gesellschaftsgruppen gibt. Ich werde den Ausdruck barrierefrei in einer etwas erweiteteren Form gebrauchen, indem ich einschränkende und abgrenzende kollektive Denk- und Vorstellungsinhalte einschließe. Zwei Beispiele sollen das veranschaulichen. Vor der Wende in Deutschland kam mehrmals eine Kollegin aus beruflichen Gründen nach Wien. Zu diesem Zeitpunkt arbeitete ich therapeutisch mit einem jungen Mann, der wegen eines Gilles de la Tourette Syndroms vorstellig geworden war.

Zu dem Syndrom gehören u. a. generalisierte Tics und eine Koprolalie. Unter der Vielfalt der auftretenden Tics erzeugte besonders das immer wieder auftretende und von ihm kaum kontrollierbare Herausstrecken der Zunge die Aufmerksameit der Menschen. Die Koprolalie umfaßte bei ihm eine Reihe anstößiger und ordinärer Schimpfworte, die er in relativ kurzen Abständen salvenartig von sich gab. Er war ein intelligenter Mann ohne Anzeichen einer körperlichen oder geistigen Erkrankung. Die Auffälligkeit der Symptome hatte allerdings dazugeführt, daß er sich nicht mehr auf die Straße zu gehen wagte. Meine Kollegin hatte die Gelegenheit, die Bekanntschaft des jungen Mannes zu machen und versicherte mir glaubhaft, daß ein so ausgeprägtes Gilles de la Tourette Syndrom in ihrem Lande ausreichend Anlaß für einen Daueraufenthalt in einer geschlossenen psychiatrischen Anstalt wäre. Ein derartiges Vorgehen wirft die Frage auf, ob sich darin nicht primär eine systemimmanente Einstellung über die tolerierbare Variationsbreite sozialer Verhaltensweisen widerspiegelt.

Eine systematische Untersuchung erwünschter, erlaubter und verbotener Verhaltensweisen würde uns zu Menschenbildern führen, die wir als den geistigen Kern gesellschaftspolitischer Systeme betrachten können. Ihre Ideologien zielen auf einen idealen Typus Mensch und enthalten Anweisungen dafür, wie dieser verwirklicht werden kann. In Abhängigkeit von jenen Eigenschaften und Verhaltensformen, die mit einem bestimmten Menschenbild korrespondieren, haben Behinderte einen akzeptierten Platz in der Gesellschaft oder sind eine unerwünschte Randgruppe. Es gibt in der Geschichte eine Reihe von Beispielen, die beweisen, daß behinderte Menschen ein Schattendasein führen müssen oder getötet werden, wenn sich eine Gesellschaft gegen die ... „Werte der Würde und Gleichheit aller Menschen" (Haeberlin, 1985b, S. 11) entscheidet.

8.4 Zielgerichtete Eigenaktivität

Ich habe einige „Materialien" beschrieben, die für die Organisation des Entwicklungsprozesses und des Verhaltens bedeutsam sind. Eine Voraussetzung dafür, daß diese „Materialien" ihre Wirksamkeit entfalten, bildet die Eigenaktivität. Ich verwende hier den Begriff der Eigenaktivität für jegliche nicht durch äußere Einwirkung erzeugte Aktivitäten in Organismen. Für die vorliegende Abhandlung werde ich mich auf einige Formen der Eigenaktivität beschränken. *Wahrnehmen, Bewegen, Verhalten* und *Handeln* sind jene Varianten der Eigenaktivität, die uns vornehmlich beschäftigen werden.

Ich möchte die Bedeutung von Wahrnehmen und Bewegen anhand eines Experimentes schildern: In den 50er Jahren wurden am psychologischen Institut der Universität Innsbruck beeindruckende Versuche mit Umkehrbrillen durchgeführt (Kottenhof, 1961; Kohler, 1951). Mit Hilfe einer derartigen Brille kann die Wahrnehmung dermaßen verändert werden, daß beispielsweise die visuelle Welt auf dem Kopf steht oder was sich in ihr vom Betrachter aus gesehen links befindet, rechts gesehen wird etc. Als ich erstmals eine solche Brille aufsetzte, war dies eine sehr irritierende Situation. Wenn ich einen Gegenstand ergreifen wollte, befand er sich nicht an dem Ort, an dem ich ihn sah. Ich wollte die Hand einer Person berühren und mußte mit Erstaunen feststellen, daß ich ins Leere griff. Wahrnehmen und Bewegen bildeten keine Einheit mehr. Die taktilkinästhetischen Informationen paßten nicht zu den visuellen. Wir können nun zwei für die Sonder- und Heilpädagogik wichtige Fragen stellen: 1. Wird durch das Tragen der Brille über einen längeren Zeitraum die Bewegung und Orientierung im Raum verbessert? 2. Wenn sich Bewegung und Orientierung verbessern, welche Vorgänge fördern dieselben? In bezug auf die erste Frage haben die Experimente gezeigt, daß der Selbstversuch zu einer erstaunlichen Normalisierung des Verhaltens und Handelns führte. So lernte Kottenhof, sich im Laufe der Versuchszeit (71 Tage) schnell und sicher im Raum zu orientieren, obwohl er eine Brille trug, die die Welt um 180 Grad in der Horizontalen drehte (Links-Rechts-Vertauschung). Als einen schlagenden Beweis dafür erachte ich die Tatsache, daß er mit dem Motorrad durch Innsbruck fuhr. Obwohl er sich also rasch und sicher bewegen und orientieren konnte, nachdem er einige Zeit die Brille getragen hatte, fühlte er sich dennoch „keineswegs in dieser Brillenwelt derart heimisch wie in der Vorbrillenwelt" (Kottenhof, 1961, S. 82). Dieses Experiment beweist uns eindrucksvoll, in welchem Ausmaß die Organisation von Wahrnehmung veränderbar ist.

Nun habe ich oben als zweite Frage gestellt, durch welche Prozesse eine Veränderung der Bewegung und Orientierung eingetreten ist. Ich bin der Ansicht, daß diese vornehmlich auf die zielgerichteten Bewegungsaktivitäten von Kottenhof zurückzuführen ist. Ich erachte diese als notwendige Bedingung dafür, daß jene akkomodativen Prozesse eingetreten sind, die zu einer Neuorganisation der Einheit von Wahrnehmung und Bewegung geführt haben. Die mit den alltäglichen Verrichtungen einhergehende Propriozeption der Bewegungsabläufe und die Registrierung des erfolgreichen Abschlusses zielorientierter Bewegungssequenzen stimulierten die neurofunktionelle Neuorganisation von Wahrnehmung und Bewegung. Derzeit habe ich kein besseres Erklärungsmodell zur Hand, als daß die aktiven zielgerichteten Tätigkeiten eine zentrale Rolle dabei gespielt haben. Auf die Bedeutung des Tätigseins für Prozesse der Entwicklung und Rehablitation haben Vertreter der Tätigkeitstheorie nachdrücklich hingewiesen (Galperin, 1980; Jantzen, 1990).

Welche Bedeutung hat nun das geschilderte Experiment für die Sonder- und Heilpädagogik? Es zeigt uns, daß eine Neu- und Umorganisation von Wahrnehmen und Bewegen prinzipiell möglich ist und diese besonders durch aktive zielgerichtete Bewegungen und Bewegungssequenzen gefördert wird. Natürlich ist eine artifizielle Störung und eine daraus resultierende Behinderung nicht einer angeborenen oder erworbenen Beeinträchtigung der Wahrnehmung gleichzusetzen. Sie kann jedoch, wie das Experiment mit der Umkehrbrille beweist, den Vollzug von Alltagsverrichtungen einschneidend erschweren. In diesem Aspekt entspricht das Experiment realen Behinderungen von Lebensvollzügen.

Die Brauchbarkeit der im Zusammenhang mit dem Experiment angestellten Überlegungen möchte ich nun an realen Gegebenheiten überprüfen. Ich greife dafür nochmals unser Beispiel von der oralen Apraxie auf. Üblicherweise müssen Babys den Bewegungsablauf des Saugens nicht lernen. Sie verfeinern aber denselben durch Prozesse der Assimilation und Akkomodation. Diese Verfeinerung und Verbesserung des Bewegungsablaufes wird dadurch möglich, daß eine permanente sensorische Rückmeldung über denselben erfolgt. Als Informationen für diesen Abstimmungsprozeß dienen Veränderungen muskulärer Spannungszustände, Druckveränderungen, der Erfolg oder Mißerfolg der eigenen Aktivität etc. Das Saugen ist nicht Selbstzweck sondern für das Überleben des Kindes notwendig. Es ist zielorientiert und die Beschaffenheit des Ziels ist Anlaß für adaptive Prozesse. Das Ziel des Aktivitätsmusters ist mit der Geburt bereits vorgegeben. Wenn das Ziel mit dem angeborenen Aktivitätsmuster nicht erreicht wird, ist entweder das bedürfnisstillende „Außenobjekt" (Stillverhalten der Mutter, Formen des Saugers etc.) oder das Saugverhalten des Kindes zu verändern. Das aktive Saugen des Kindes und die Förderung akkomodativer Prozesse durch die Mutter, die Physiotherapeutin etc. ermöglichen überlicherweise Veränderungen der Organisation des Saugvorganges. Diese betreffen die den Saugvorgang konstituierenden Aktivitäten. Dazu zähle ich Aktivitäten des zentralen Nervensystems, Bewegungsabläufe, muskuläre Spannungsverhältnisse etc. Welche Bedeutung das Stillen für die Mutter hat, wird von ihrer eigenen Lebensgeschichte, ihrer aktuellen Lebenssituation und für sie bedeutsamen Beziehungen (Beziehungen zum Vater des Kindes, zur eigenen Mutter etc.) abhängen. Neben den Gegebenheiten und Vorgängen im sozialen Lebensraum variieren auch noch kulturspezifische Vorstellungen und Leitbilder den Vorgang des Stillens. Unter Einbeziehung aller genannten Faktoren läßt sich der Vorgang des Stillens und Saugens als interaktioneller Vorgang beschreiben, welcher durch die „Verwicklung" bio-psycho-sozialer Faktoren variiert und modifiziert wird.

Ich erinnere auch nochmals an die Ausführungen von Freedmann, daß ca. 25 % blind geborener Kinder ein autismusähnliches Syndrom entwickeln. Blindgeborene Kinder können die interaktionellen visuellen Figurationen und Ausdrucksformen der Bezugsperson(en) nicht wahrnehmen. Sie können den Blick der Mutter nicht „einfangen" und die Mutter nicht jenen des Babys. Dieses „Blick-Fang-Spiel", das beglückende, oft mit einem Lächeln und aufgeregten Körperbewegungen verknüpfte, einander in die Augen sehen, findet nicht statt. Die visuelle Wahrnehmung optischer Signale, die von der Mutter ausgehen und die optische Wahrnehmung des Resultates eigener Aktivitäten unterbleiben. Es besteht die Gefahr, daß die Bezugpersonen in ihren kommunikativen Bemühungen erlahmen, wenn sie nicht bzw. nicht ausreichend über potentielle Auswirkungen der Blindheit auf die Entwicklung des Kindes informiert sind und nicht entsprechend angeleitet und unterstützt werden, andere Wahrnehmungsmodalitäten zu nützen. Das ist für sie nicht einfach, da von den blindgeborenen Kindern üblicherweise weniger Signale ausgehen, die die Zuwendung der Bezugspersonen herausfordern, als von sehenden Kindern.

Ältere Kinder oder Erwachsene können oft über die Vorstellung Handlungen und Handlungssequenzen vorwegnehmen. Führen wir uns nochmals die Situation meines Tutors vor Augen, der wegen seiner cerebralen Bewegungsstörung viele Alltagsverrichtungen nicht oder nur mit großem körperlichem Einsatz vollbringen kann. Die muskuläre Hypertension erschwert Bewegungsabläufe oder verunmöglicht dieselben. Vereinfacht können wir sagen, daß der Kraftaufwand zur Durchführung vieler Verrichtungen massiv erhöht ist. Darüberhinaus sind das bewußte

Wahrnehmen der Eigenbewegungen und die damit verknüpften propriozeptiven Informationen beeinträchtigt. Das bedeutet eine außerordentliche Erschwernis für den Prozeß der Adaptierung von Bewegungsvollzügen über sensorische Rückmeldungen. Trotz großer Schwierigkeiten der visumotorischen Koordination hat mein Tutor gelernt, auf einer Schreibmaschine und im weiteren auf einem Computer zu schreiben. Das Ziel, welches ihn dazu motivierte, war die Ausbildung zu einem Sozialarbeiter und das Studium der Kommunikatonswissenschaften und der Fächerkombination Sonder- und Heilpädagogik. Ein erster Schritt auf dem Weg zum Erlernen des Schreibens mit der Schreibmaschine bestand in der Überlegung, welche Bereiche seines Armes er bei entsprechender Konzentrierung ruhig halten könnte. Bei dieser Überlegung stieß er auf den Bereich des Ellenbogens und bei entsprechender Rotation des Armes auf den Daumen. Diese mentale „Vorarbeit" führte ihn zur Erprobung seiner Erkenntnisse in der Realität. Wir haben es hier mit einer bewußten Planung von Bewegungsabläufen zu tun, die allmählich über das Üben sicherer und gezielter durchgeführt werden konnten. Das Erlernen des Schreibens wurde bei meinem Tutor besonders durch die spezifischen körperlichen Gegebenheiten und Vorgänge variiert und modifiziert. Eine besondere Rolle in diesem Prozeß spielte die Unterstützung durch seine Mutter, die die Bemühungen meines Tutors förderte.

Ich habe an einigen Beispielen demonstriert, daß die gezielte Bewegungsaktivität in Verbindung mit der propriozeptiven Kontrolle der Bewegungsabläufe und der Wahrnehmung der Resultate der eigenen Aktivitäten für die Organisation von Entwicklung und aktuellem Verhalten von großer Bedeutung ist. Bei älteren Kindern oder Erwachsenen kann die bewußte Planung und Kontrolle der Durchführung von Bewegungsabläufen in diesen Prozeß eingebunden sein. Außerdem spielen die rezeptiven und propriozeptiven Informationen eine wichtige Rolle in der Ausgestaltung und Differenzierung von Selbst und Welt. Ich habe das an anderer Stelle ausführlich elaboriert (Reinelt, 1996, im Druck).

8.5 Biopsychische Organisatoren

Ich habe aufgezeigt, daß die körperliche Ausstattung und Entwicklung, der psychosoziale Lebensraum, der materiale/geistige Lebensraum und die zielorientierte Eigenaktivität Materialien der bio-psycho-sozialen „Verwicklung" sind. Sie sind Anlaß für Adaptationen, Modifikationen und Variationen des lebenslangen Prozesses von Entwicklung. Die bedeutsamen Vorgänge für das Zustandekommen derselben habe ich mit den Begriffen der Assimilation und Akkomodation beschrieben.

Die Spuren, die die soziale Lebenswelt und die materiale/geistige Welt im Entwicklungsprozeß hinterlassen, sind keine Abbildungen derselben. Ich sehe das dergestalt, daß auch die Flügel der Vögel, die sich in der Phylogenese herausgebildet haben, nicht als materialisiertes Abbild der Luft zu verstehen sind. Die Luft ist jedoch Medium und Anlaß zur Ausbildung von Flügeln. Insofern hat die Luft in der Lebensform der Vögel indirekt ihre Spuren hinterlassen. Ebenso finden wir indirekte Spuren individueller Lebensbedingungen als Struktur- und Organisationsvarianten. Derartige Struktur- und Organisationsvarianten variieren wiederum interaktionelle Vorgänge. Sie spielen somit für die Gestaltung der Individuum-Umweltbeziehungen eine Rolle. Ich werde im folgenden 2 Typen von Organisatoren beschreiben.

Zum ersten Typ zähle ich das *genetische Programm*. Ein neugeborenes Baby kommt bereits mit bestimmten auf die Umwelt abgestimmten Organisations- und Verhaltensmustern auf die Welt. Genetische Varianten, wie etwa die Trisomie 21, habe ich weiter oben schon erwähnt. Sie treten mit Vorgängen und Gegebenheiten der Umwelt in Interaktion und sind mehr oder weniger Anlaß für strukturelle und funktionelle Modulationen. Sie hinterlassen mehr oder weniger deutliche Spuren in der bio-psycho-sozialen Entwicklung. Phänotypische Besonderheiten, die mit einer Trisomie 21 verknüpft sind, können zu interaktionellen Variationen des Erlebens und Verhaltens bei den primären Bezugspersonen und anderen Menschen des sozialen Lebensraumes führen. Diese können wiederum Modulationen in der Organisation interaktioneller Vorgänge eines Kindes mit Downsyndrom bewirken.

Damit bin ich auch schon zu dem zweiten Typus interner Organisatoren gelangt. Ich meine damit die *internen Strukturen und Organisationsmodi, die sich über interaktionelle Aktivitäten herausbilden.* Ich habe als ein Beispiel dafür das Urvertrauen angeführt. Bei entsprechenden individuellen und umweltlichen Bedingung entwickelt das Kind in einer frühen Lebensspanne dieses Urvertrauen. Ich habe eine Sichtweise dargelegt, dergemäß ich den Erwerb des Urvertrauens mit strukturellen und funktionellen zentralnervösen Gegebenheiten und Prozessen, muskulären Spannungsverhältnissen und anderen körperlichen Vorgängen und dem zugehörigen Erleben verknüpft habe. Mit dem Erwerb des Urvertrauens wird dieses zu einer *biopsychischen Repräsentanz.* Damit meine ich aufgezeigt zu haben, wie die interaktionelle Aktivität für die Entwicklung des zweiten Typus der internen Organisation bedeutsam ist.

Dem kleinen Menschenkind ist die bewußte Reflexion dieser psychosomatischen Aktivität (Urvertrauen) entzogen, da es erst zu einem späteren Zeitpunkt eigene Befindlichkeiten zum Gegenstand seines Nachdenkens machen kann. Je älter das Kind wird, um so besser ist es in der Lage, über sich zu reflektieren. Damit werden auch Beeinträchtigungen des Wahrnehmens, Bewegens und bis zu einem gewissen Ausmaß der Intelligenz bewußten Überlegungen zugänglich.

Ich habe hier das Urvertrauen exemplarisch als einen möglichen Organisator der Individuum-Umweltbeziehung ausgesucht. Wir könnten jetzt beginnen nach weiteren derartigen für die Organisation der Individuum-Umweltbeziehung bedeutsamen bio-psychischen Repräsentanzen zu suchen. Ich denke hier an die interaktionell erworbenen Repräsentanzen von Beziehungsfähigkeit oder Eigenverantwortlichkeit etc. Und in jedem Einzelfall eines Menschenlebens können wir danach fragen, welche körperlichen, sozialen und material-geistigen Faktoren die Ausformung bio-psychischer Repräsentanzen beeinflußt haben. Desweiteren wird uns aber auch interessieren, ob spezifische Bedingungen des Individuums oder des Lebensraumes Entwicklung, Verhalten und Erleben in einer präzise beschreibbaren und voraussagbaren Form variieren. Wir könnten dann zu Aussagen jener Art kommen, daß eine Epilepsie zur Ausbildung spezifischer Persönlichkeitszüge führt, kongenitale Blindheit zu einem autismusähnlichen Syndrom oder Taubheit mit zunehmendem Alter zu einem sozialen Rückzugsverhalten. Aussagen dieser Art müssen jedoch sorgfältig überprüft werden. Ich habe nämlich mit den Ausführungen von Freedmann (1976) über kongenital blinde Kinder gezeigt, daß Blindheit keinesfalls zwingend zu einem autismusähnlichen Syndrom führt. Wenn allerdings zur kongenitalen Blindheit spezifische soziale Bedingungen treten, erhöht dies die Wahrscheinlichkeit des Auftretens eines derartigen Syndroms deutlich. Derartige Variablen werden wir auch bei Aussagen über die Auswirkungen einer Epilepsie auf die Persönlichkeitsentwicklung oder einer Taubheit auf die Lebensgestaltung etc. zu berücksichtigen haben.

Ebenso komplex ist die Frage, wie sich Beeinträchtigungen des Wahrnehmens, Bewegens und der Intelligenz im Erleben der Betroffenen abbilden. Einem Blindgeborenen bleibt die Welt des Sichtbaren verschlossen. Das betrifft nicht nur die aktuelle Wahrnehmung, sondern auch die innere bio-psychische Repräsentanz der Sehwelt. Seine Vorstellungen eines Pferdes werden sich auf das Riechbare, Hörbare und tast- und bewegungssinnlich Erfahrbare beschränken. Seine Bewegung und Orientierung im Raum sind immens erschwert und besonders an nicht vertrauten Orten mit großer Unsicherheit verknüpft. Das Fehlen der Sehwelt reduziert die Wahrscheinlichkeit für das Auftreten von explorierendem und expansivem Verhalten. Allerdings muß es nicht zu einer solchen Entwicklung kommen. Einen eindrucksvollen Beweis dafür hat in den 60er Jahren der norwegische Musiker und Athlet Erling Stordahl geboten. Als Blinder hat er den Langlauf als Wintersport für erblindete Menschen eingeführt.

Ich übe auf Grund meiner theoretischen Überlegungen und den Erfahrungen aus meiner praktischen Arbeit große Zurückhaltung, wenn Erlebens- und Verhaltenstypologien mit umschriebenen Behinderungsformen verknüpft werden. Ich kann bei meinem Tutor keine Besonderheiten des Erlebens oder des sozialen Verhaltens feststellen. Natürlich gibt es Besonderheiten und Auffälligkeiten der Körperhaltung und der Bewegungen. Aber ich finde bei ihm keine Besonderheiten und Auffälligkeiten seelischer Haltungen und Bewegungen. Mein Tutor ist ein positives Beispiel für Lebensbewältigung unter erschwerten Bedingungen. In anderen Fällen gelingen Entwicklung und Integration nicht so befriedigend. Ich denke beispielsweise an Elisabeth, die wegen autoaggressiver Handlungen an die Kinderneuropsychiatrie kam. Sie war ein 14jähriges Mädchen, welches sich selbst die Haare ausriß (Trichotillomanie) und im Brustbereich tiefe Kratzwunden beibrachte. Sie war geistig behindert und erreichte in den entsprechenden Tests Leistungen eines etwa 2jährigen Mädchens. Alles sprach dafür, daß sie sehr unglücklich war, auch wenn sie auf Grund ihrer begrenzten sprachlichen Ausdrucksmöglichkeiten das nur sehr eingeschränkt mitteilen konnte. Die Diskrepanz zwischen körperlicher und geistiger Entwicklung, die körperlichen puberalen Veränderungen, die aufopfernd bemühte und dabei überforderte Mutter, die Erwartungen der Umwelt gegenüber einem groß gewachsenen und entwickelten Mädchen etc. konnten von ihr nicht mehr adäquat bewältigt werden. Diese Probleme können wir als sichtbare Zeichen der nicht mehr gelingenden Adaptation ansehen. Was sie uns nicht mit Worten sagen konnte, teilte sie uns durch ihre Symptome mit.

Ich möchte hier noch auf einen Aspekt zu sprechen kommen, den ich in meinen bisherigen Ausführungen noch nicht ausreichend berücksichtigt habe. Es handelt sich dabei um den Zeitpunkt, zu dem eine Behinderung eintritt. Das kann während der gesamten Lebensspanne eines Menschen geschehen. Es ist eine andere Situation, wenn eine Behinderung von Geburt an da ist oder erst zu einem späteren Zeitpunkt erworben wird. Wenn im hohen Alter eine Behinderung auftritt, mag ihr ein anderer Stellenwert zugeschrieben werden als im Jugendalter. Das Bewußtsein um das nahende Lebensende kann dann manchmal den erlebten Einschnitt in das personale Leben mildern. Ebenso mögen strukturelle und funktionelle Veränderungsprozesse des zentralen Nervensystems und damit einhergehende Wandlungen des Psychischen den Stellenwert der Behinderung im Erleben eines alten Menschen mitbestimmen. Wir haben es dann mit einem Entwicklungsprozeß zu tun, der zu einer Auflösung biopsychischer Repräsentanzen interaktioneller Organisatoren führt. Ein derartiger Prozeß ist mit einer Abnahme adaptativer Prozesse verknüpft und erfordert die Bereitstellung einer entsprechenden fürsorgenden Umweltsituation. Die Entwicklung mag dermaßen weitergehen, daß die eigene Verfassung nicht mehr reflektierbar ist.

Ich möchte nun nochmals zu einem bio-psychischen Organisator (vom Typ 2) zurückkommen, den ich von eminenter Bedeutung in der Verarbeitung von Behinderungen halte. Ich nenne ihn den Organisator der *subjektiven Bedeutung*. Es handelt sich um die subjektive Bewertung von Gegebenheiten und Vorgängen. Dieser Aspekt des (Bio-)Psychischen wurde besonders in der Individualpsychologie Alfred Adlers entfaltet und beschrieben. Die subjektive Bedeutung, die der Betroffene oder seine Angehörigen mit einer Behinderung verknüpfen, kann sich im Lauf der Zeit ändern. Ebenso unterliegen die Ansichten über Behinderungen einem gesellschaftlichen Wandel. Eine schwierige Phase ist sicher jene der Realisierung einer Behinderung. Die Tendenz, es vorerst zu leugnen und nicht wahrzuhaben, ist groß und kann sich manchmal über einen langen Zeitraum hinziehen. Es hat den Anschein, daß die Wucht des Ereignisses zu beschreibbaren Erlebensabläufen führt, die mit Einschränkungen verallgemeinerbar erscheinen. Wenn die Behinderung bewußt wahrgenommen und realisiert wird, dann löst dies einen tiefgehenden Schock aus. Hierauf folgt eine Zeit der Depression, an die sich bei Überwindung derselben eine allmähliche Anpassung an die veränderte Lebenssituation anschließt. Diese drei Phasen benennt u. a. Janzowski (1988, S. 284) und beschreibt, daß während der Schockphase der Betroffene die Behinderung leugnet. Er sieht sich als jemand, der krank ist und wieder gesund wird. Wenn er eines Tages erkennt, daß es keine Heilung gibt, stürzt ihn das in tiefe Verzweiflung und eine depressive Stimmungslage. In dieser Phase kann es zum sozialen Rückzug und zu psychosomatischen Störungen kommen. Allmählich erfolgt eine Anpassung, die mit einer Akzeptierung der Einschränkungen verknüpft ist. Der Betroffene probiert neue Verhaltensweisen aus und wendet sich wieder vermehrt der Realität zu (siehe dazu auch Lindenmeyer, 1983).

9. Förderung von Entwicklung und Integration

Ich habe dieses Kapitel sehr allgemein mit dem Begriff Förderung überschrieben. Ich subsumiere darunter eine Vielzahl verschiedener Konzepte. Wie schon mehrmals angeführt, dient mir der Begriff der Adaptation als metatheoretischer Bezugsrahmen.

9.1 Begriffe, Definitionen

Ein zentraler Begriff im Zusammenhang mit der Förderung von Entwicklung und Integration ist jener der *Rehabilitation*. Im ursprünglichen Sinne bezeichnet dieser Begriff die Wiederherstellung verlorener Fähigkeiten. Allerdings wird er auch häufig in einer bedeutend umfassenderen Art und Weise verwendet. So schreibt die Bundesgemeinschaft für Rehabilitation (zit. nach Witte, 1988, S. 10): „Die Rehabilitation bezweckt, den Menschen, die körperlich, seelisch oder geistig behindert sind und ihre Behinderung oder deren Folgen nicht selbst überwinden können, und den Menschen, denen eine solche Behinderung droht, zu helfen, ihre Fähigkeiten und Kräfte zu entfalten und einen entsprechenden Platz in der Gemeinschaft zu finden."

Badura und Lehmann (1988, S. 58) verstehen unter Rehabilitation einen „Prozeß der (Wieder-)Herstellung körperlichen und seelischen Wohlbefindens und weitestgehender sozialer (Re-) Integration."

Für die Bezeichnung des Aufbaus und der Entwicklung neuer, bislang nicht existierender Organisations- und Verhaltensformen wird der Begriff **Habilitation** (Hellbrügge, 1981b, S. 197) verwendet. Als mein Tutor auf einer Schreibmaschine schreiben lernte, wurde keine verlorengegangene Fertigkeit wieder erworben, sondern eine neue Tätigkeit erlernt.

Körperliche und seelische Aktivitäten, die dem Ausgleich von Mangelerscheinungen und Funktionsschwächen dienen, werden als **Kompensation** bezeichnet. Diese ausgleichende Aktivität bildet ein zentrales Kernstück in theoretischen Konzeptionen von Alfred Adler (Adler, 1907).

Fruchtbar für die Theorie und Praxis der Förderung von Entwicklung und Integration erscheint es auch, vermehrt nach jenen Gegebenheiten und Vorgängen zu forschen, die dem Prozeß der Entstehung und Aktualisierung von Gesundheit förderlich sind. Antonovsky (1987) hat dafür den Begriff der **Salutogenese** eingeführt.

Die Piagetschen Begriffe Adaptation, Akkommodation und Assimilation wurden von Witte im Zusammenhang mit rehabilitationspsychologischen Fragen und Problemen abgewandelt. So schreibt er von **Readaptation, Reakkomodation** und **Reassimilation** (Witte, 1988). Die Wiederherstellung einer gelingenden Individuum-Umweltbeziehung kann über Fördermaßnahmen angestrebt werden, die auf Wiedererlangung verlorengegangener Funktionen oder Fertigkeiten abzielen. Wenn jemand nach einem Schlaganfall nicht mehr sprechen kann, läßt sich der Prozeß des Wiedererlernens des Sprechens als reakkommodativer Vorgang bezeichnen. Wenn umweltliche Gegebenheiten und Vorgänge den Bedürfnissen und Möglichkeiten behinderter Menschen dergestalt angepaßt werden, daß sie wieder jene Tätigkeiten auszuführen vermögen, die sie vor dem Eintritt der

Behinderung ausgeübt haben, können wir von einem reassimila-
tiven Prozeß sprechen.

9.2 Ebenen und Methoden der Förderung

Ich werde mich in diesem Kapitel nicht nur mit therapeutischen
und rehabilitativen Verfahren im engeren Sinne sondern auch
mit anderen, die Entwicklung und Integration fördernden Maßnahmen befassen.

Fördermaßnahmen jeglicher Art dienen der Verbesserung der
Individuum-Umweltbeziehung, auch wenn sie häufig auf eine
spezifische Ebene zugeschnitten sind. Eine erste Ebene ist jene
der körperlichen Gegebenheiten und Prozesse. Chirurgische Ein-
griffe und medizinische Behandlungen können körperliche Schäden und Leiden mindern oder beseitigen. So kann durch eine
Staroperation ein Erblinden oder durch die Verabreichung von
Medikamenten eine metabolisch bedingte, drohende geistige
Behinderung verhindert werden. Darüberhinaus können durch
den Einsatz technischer Hilfen körperliche Funktionen verbessert
oder normalisiert werden. Mit Hörgeräten lassen sich bei hörge-
schädigten Menschen außerordentliche Verbesserungen der akustischen Wahrnehmung erzielen. Ein Herzschrittmacher kann die
Funktion des Herzens stabilisieren und unterstützen etc.

Zu derartigen Hilfsmitteln kommt eine Fülle körperorientierter
rehabilitativer und therapeutischer Verfahren. Viele von diesen
erfordern die aktive Mitarbeit der Betroffenen. Die aktive Mitarbeit aktualisiert sich augenscheinlich auf jener (zweiten)
Ebene, die ich mit gezielter Eigenaktivität bezeichnet habe. Heil-
gymnastik, Physiotherapie, Neurorehabilitation, motorisches
Funktionstraining etc. entfalten ihre förderliche und heilsame
Wirkung besonders dann, wenn die Betroffenen selbst aktiv
handelnd beteiligt sind. Eine derartige aktive Beteiligung ist
nicht in allen Fällen möglich. Von einem Säugling, der mit einer
Vojta- oder Bobaththerapie behandelt wird, kann keine Mitarbeit erwartet werden. Ebenso kann es nach einem Schlaganfall

vorerst notwendig sein, mit dem Patienten auch ohne seine Mitarbeit Bewegungsübungen durchzuführen, um motorische und
sensorische Funktionen zu aktivieren. Diese auf eine Rückge-
winnung, einen Neuerwerb oder eine Verbesserung körperlicher
Funktionen zielenden Verfahren subsumiere ich unter das meta-
theoretische Konzept der Adaptation.

Dieses Konzept ist allgemein genug formuliert, daß damit auch
Aspekte der (dritten) Ebene der umweltlichen Gegebenheiten
und Vorgänge theoretisch beschrieben werden können. Es geht
darum, diese umweltlichen Gegebenheiten und Vorgänge dermaßen zu adaptieren, daß sie assimilierbar werden. Aspekte des
Lebensraumes werden auf die Bedürfnisse und Möglichkeiten
der Betroffenen abgestimmt. Zu den umweltlichen Gegebenheiten und Prozessen zähle ich einerseits den sozialen und andererseits den materialen/geistigen Lebensraum.

Ich werde zuerst einige Beispiele für die Förderung im sozialen
Lebensraum geben. Wenn eine Mutter die kongenitale Blindheit
ihres Kindes dermaßen zu bewältigen sucht, daß sie die persönliche Beziehung zu diesem vernachlässigt und eine intensive
Funktionärstätigkeit in einem Blindenverband entfaltet, wird es
zum Wohle des Kindes nötig sein, beratend oder psychotherapeutisch die Mutter-Kind-Beziehung zu bearbeiten. Wenn sie ihr
Verhalten besser auf die Behinderung ihres Kindes abstimmt,
wird sie von diesem leichter assimiliert werden können. Claudias Mutter kann die Tochter in einem integrativen Kindergarten unterbringen, wodurch diese viele Anregungen erhält und
wichtige soziale Erfahrungen sammeln kann. Die anderen Kinder wiederum lernen, die Behinderung von Claudia zu berücksichtigen. Auf diese Weise finden interaktionelle adaptive Prozesse statt, die für den sozialen Umgang förderlich sind. Für
einen Erwachsenen kann der Eintritt in eine therapeutische
Wohngemeinschaft oder die Teilnahme an einer therapeutischen
Gruppe Entwicklungschancen eröffnen.

Auch die Veränderung der materialen/geistigen Welt kann Prozesse der Entwicklung und Integration fördern. Die Berücksich-

tigung der Bedürfnisse und Möglichkeiten behinderter Menschen im öffentlichen Verkehr, bei der Errichtung von öffentlichen und privaten Bauten, bei der Einrichtung von Kultur- und Sportstätten können entscheidend zur Teilhabe am gesellschaftlichen Leben und an dessen Mitgestaltung beitragen. Eine entsprechend architektonisch und apparativ adaptierte Wohnung kann zu einer autonomen Lebensgestaltung verhelfen und Abhängigkeiten reduzieren. Die gesellschaftliche Berücksichtigung von Schädigungen oder Beeinträchtigungen, die Entwicklung und Integration behindern, setzt die Akzeptierung und Anerkennung der spezifischen Erfordernisse behinderter Menschen voraus.

Damit eine derartige Akzeptierung und Anerkennung erreicht wird, bedarf es eines Wandels kollektiver Einstellungen und Haltungen gegenüber Behinderten. Ein solcher einschneidender Wandel erfolgte beispielsweise in den 70er Jahren in Italien durch die Bemühungen Basaglias und seiner Leute um eine gesellschaftliche Integration psychisch kranker Menschen (Basaglia, 1971). Derartige Entwicklungen haben letztlich dazu geführt, daß die schulische Integration behinderter Kinder in Italien gesetzlich verankert wurde. In Norwegen zielt „The Norwegian Government's Plan of Action for the Disabled" auf eine Gesellschaft, die an die Möglichkeiten und Bedürfnisse möglichst aller ihrer Mitglieder angepaßt ist: „Many of society's previous efforts were geared to the capacity of each individual; today we are seeking to adapt society to the use of as many people as possible. This is already important for all those whose disability bring them up against barriers, but will be important to all of us we grow older" (Ronneberg, 1993, S. 1).

Ein nicht zu unterschätzender Einfluß auf die öffentliche Meinung über behinderte Menschen kommt dem Sport zu. So hat beispielsweise eine große Zahl von Fernsehzuschauern die Special Olympics und Paralympics verfolgt und teilweise erstmals realisiert, zu welchen Leistungen behinderte Menschen fähig sind. Eine große öffentliche Resonanz hat auch der über viele

Tage dauernde Gewaltmarsch einer dreiköpfigen Gruppe zum Südpol hinterlassen. Einer der Teilnehmer war an beiden Armen amputiert (Pederson, 1995).

Eine weitere Dimension, die es hier noch zu thematisieren gilt, ist jene der bio-psychischen Organisation. Ich habe bei der Bearbeitung dieses Themas in einem der vorhergehenden Kapitel die Bedeutung interner Strukturen und Organisationsmodi, die über interaktionelle bio-psychische Aktivitäten herausgebildet werden, hervorgehoben. Variationen und Modulationen von interaktionellen bio-psychischen Aktivitäten und deren Repräsentanzen können wir als das Ergebnis akkommodativer und assimilativer Prozesse beschreiben. Interaktionelle Aktivitäten werden auf einer entsprechenden Stufe der Organisation erlebt. Gespeicherte, erlebte interaktionelle Aktivitäten nenne ich bio-psychische Repräsentanzen.

Über die Entwicklung und Organisation des Psychischen gibt es eine umfangreiche wissenschaftliche Literatur – ich nenne hier stellvertretend für viele andere Wissenschaftler: Adler (Ansbacher, Ansbacher, 1972), Freud A. (1968), Freud S. (1905), Jantzen (1990, 1992), Luria (1980), Piaget (1975). Diese haben sich u. a. auch mit der Frage befaßt, welche individuellen oder umweltlichen Gegebenheiten und Vorgänge den Prozeß von Entwicklung und Sozialisation variieren und modifizieren. Solche „Variatoren" können beispielsweise genetische Aberrationen, Sinnesbehinderungen, stato-motorische Beeinträchtigungen, der Verlust der primären kindlichen Bezugsperson in einem kritischen Entwicklungsalter, verwahrlosende Lebensbedingungen, etc. sein. Eine ungünstige Kombination aus individuellen und umweltlichen Gegebenheiten und Vorgängen kann im Prozeß der Entwicklung zu einer *Persönlichkeitsentwicklungsstörung* (Spiel, Spiel, 1987), neurotischen Symptomen, depressiven Verstimmungen etc. gestaltet werden. Die hier genannten und andere bio-psychische Manifestationen treten bei Menschen mit und ohne klassische Behinderungsformen auf.

Bei einer tiefenpsychologischen Untersuchung psychischer Prozesse werden wir auf Phänomene stoßen, die in der einschlägigen Literatur als Projektion, Spaltung oder Leugnung beschrieben werden. Derartige, gemäß ihrer klassischen Definition nicht bewußte Vorgänge können die bio-psychische Entwicklung und soziale Integration behindern. Daneben gibt es bewußte Erlebensinhalte, die einen hemmenden Einfluß auf Entwicklung und Integration entfalten.

Es existieren eine erhebliche Zahl von Fördermaßnahmen, die auf die Veränderung des Erlebens und Verhaltens abzielen. Mit anderen Worten intendieren sie einen Wandel bio-psychischer Repräsentanzen und bio-psychischer interaktioneller Aktivitäten. Je nach theoretischer Ausrichtung zentrieren sich diverse Formen der Psychotherapie auf das bewußte Erleben, unbewußte Vorgänge und Prozesse, Verhaltensweisen etc. Auch wenn Behinderungen den Prozeß der Entwicklung und Sozialisation variieren können, ist nicht zwingend davon abzuleiten, daß behinderungsspezifische Psychotherapieformen entwickelt werden müssen. Allerdings erfordern Einschränkungen und Beeinträchtigungen des Wahrnehmens, des Bewegens, des Fühlens, der Intelligenz etc. didaktische Anpassungen bestehender Psychotherapieverfahren. Für alle psychotherapeutischen und rehabilitativen Maßnahmen könnten Entwicklung und soziale Integration ein erstrebenswertes Ziel darstellen. Mein Verständnis von Entwicklung und sozialer Integration habe ich in den vorhergehenden Kapiteln dargelegt.

Derzeit sehe ich also keine ausreichende theoretische Argumentationsbasis dafür, daß behinderungsspezifische Psychotherapien entwickelt werden müßten. Das möchte ich aber nicht dahingehend verstanden wissen, daß ich die Existenz von Behinderungen als potentiell die bio-psychische Entwicklung variierende und modifizierende Faktoren negiere. Ich erachte vielmehr eine akribische Erforschung von Aspekten der bio-psychischen Entwicklung und sozialen Integration bei Menschen mit kongenital oder postnatal eintretenden Behinderungen für besonders wichtig. Eine derartige Forschung sollte interaktionelle Prozesse zwischen individualen und außerindividualen Gegebenheiten einbeziehen. Ich nähere mich damit einem systemtheoretisch orientierten Forschungsansatz, der wichtige Informationen für die Prophylaxe und Prävention von Störungen der bio-psychischen Entwicklung und sozialen Integration liefern kann. Ich erinnere in diesem Zusammenhang nochmals an die Gefährdung kongenital blinder Kinder, ein autismus-ähnliches Syndrom zu entwickeln. Wenn es gelingt, vom Kind assimilierbare frühkindliche Beziehungserfahrungen zu vermitteln, verringert sich das Risiko einer derartigen Fehlentwicklung, wenn mit den primären Bezugspersonen ein die psychische Entwicklung und soziale Integration des Kindes fördernder Zugang erarbeitet wird. Das Erleben einer tragfähigen Beziehung in der Kindheit ergibt ein gutes Fundament für die bio-psycho-soziale Entwicklung. Ebenso wird dem Beziehungserleben im psychotherapeutischen Prozeß ein bedeutsamer Stellenwert zugemessen (Reinelt, Datler, 1989; Reinelt, 1995b). Gelingende soziale Beziehungen können helfen, daß wir das Gefühl, etwas wert zu sein, entwickeln. Diesen Aspekt heben Bettelheim und Karlin (1988) hervor, wenn sie schreiben: „Gesund sein heißt, daß man überzeugt ist – im Innersten überzeugt ist und nicht bloß verbal – daß man tatsächlich etwas wert ist, mit all den Grenzen, die wir alle haben" (zit. nach Jantzen, 1990, S. 324).

10. Glossar

Adaptation: Anpassung
Anorexia nervosa: Zustand starker Abmagerung, Magersucht
anthropologisch: die Wissenschaft vom Menschen betreffend
Apraxie: Unfähigkeit, bestimmte Bewegungen richtig auszuführen
cerebral: das Gehirn betreffend
Cerebralparese: vom Gehirn ausgehende Lähmung
cortical: die Hirnrinde betreffend
Dendrit: Fortsatz der Ganglienzelle

Desoxyribonukleinsäure (DNS): Träger der Erbinformationen in den Chromosomen

Empowerment: Befähigung, Ermächtigung

Entwicklungsretardation: Entwicklungsverzögerung

funktionell: die Funktion betreffend, nicht organisch bedingt

Habilitation: Erwerb neuer Organisations- und Verhaltensformen

Hypertension: gesteigerte Spannung

interaktionell: Wechselbeziehungsprozesse zwischen Individuum und Umwelt

kongenital: angeboren

metatheoretisch: Theorie über eine andere Theorie bzw. andere Theorien

neurofunktionell: die Funktion der Nerven betreffend

phänotypisch: das Erscheinungsbild betreffend

Propriozeption: körperliche Selbstempfindung, Leibesempfindung

Ribonukleinsäure (RNS): setzt die in der DNS gespeicherte Information um

Salutogenese: Entstehung und Erzeugung von Gesundheit

sinnesphysiologisch: die natürlichen Vorgänge und Funktionen der Sinnesorgane betreffend

Special needs: spezielle Bedürfnisse

stato-motorisch: das körperliche Stütz- und Bewegungssystem betreffend

taktil-kinästhetisch: Tast- und Bewegungswahrnehmung betreffend

Psychosoziale Aspekte der Rehabilitation

E.-M. Uher

1. Einleitung

Besteht bei einem Patienten eine chronische Erkrankung, bedeutet dies nicht nur, daß die Krankheit als solche nicht geheilt werden kann; es bedeutet auch, daß sich in der Regel der Zustand des Patienten im Laufe der Jahre verschlechtert. Daher müssen sich die Patienten bei Krankheiten mit chronischen Verläufen physisch und psychisch auf die sich verändernde Situation (akut verschlechternd oder schleichend verlaufend) einstellen.

Kennzeichnend für die biopsychosozialen Belastungen einer chronischen Erkrankung sind:

– Permanente Belastung für Familie und Patienten ohne Aussicht auf Wiedererlangung des ursprünglichen Zustandes von „Gesundheit und voller Funktionsfähigkeit" für den Patienten.

– Dramatische Veränderungen der Interaktion (Beziehungen) innerhalb der Familie. Dies ist oft mit einer starken psychischen Belastung von Patient und Familie infolge der zunehmenden Abhängigkeit des Patienten von Bezugspersonen verbunden: „Erleben-müssen" von Hilflosigkeit sowohl beim Patienten als auch bei seiner Familie.

– Oftmals schwere Minderung der Lebensqualität durch irreparable somatische Behinderungen und zunehmende Abhängigkeit von medizinischen Versorgungseinrichtungen und Geräten.

2. Entwicklung des Rehabilitationsbegriffes

Die Rehabilitation, als eigenständiges medizinisches Aufgabengebiet wurde erst als Folge der Weltkriege ins Bewußtsein der

Bevölkerung gerückt. Neben der Akutversorgung mußte aus sozialen wie auch volkswirtschaftlichen Gründen die Wiedereingliederung Behinderter in die Gesellschaft und in die Arbeitswelt ermöglicht werden. Allerdings erlaubte es erst die Verbesserung der volkswirtschaftlichen Situation, den Anspruch der Rehabilitation, die Betroffenen „bis zum höchsten individuell erreichbaren Grad physischer, geistiger, sozialer, beruflicher und wirtschaftlicher Leistungsfähigkeit" heranzuführen, zu verwirklichen. Es wurden soziale Netze aufgebaut wie z. B. Selbsthilfegruppen, Heimhilfen und soziale Stützpunkte, geschützte Werkstätten initiiert, Behindertenarbeitsplätze gesetzlich gefördert und Um- und Einschulungsmaßnahmen angeboten. Dies brachte eine neue Form der Interaktion verschiedener Fachdisziplinen, die als Rehabilitationsteams bzw. therapeutische Teams heute tätig sind. Diese Teams bestehen dabei im wesentlichen aus einem koordinierenden Arzt (dem Bezugsarzt), betreuenden Fachärzten, Physiotherapeuten, Ergotherapeuten, Krankenschwestern und Sozialarbeitern.

Die Anerkennung der Rehabilitation als notwendige Fortsetzung der Behandlung nach der Akutversorgung bedeutete auch eine wesentliche Einstellungsänderung bei der Primärbehandlung: Die vorhandene Gesundheitsschädigung wurde nun nicht mehr ignoriert, sondern es wurde der Patient als Individuum mit seinen verbliebenen Möglichkeiten erfaßt und Bewältigungsstrategien für die ihn behindernden Probleme ausgearbeitet. Trotzdem blieb die Medizin bis vor einigen Jahren weitgehend somatisch definiert. Erst langsam setzte sich die Erkenntnis durch, daß der Rehabilitationserfolg nur durch das gemeinsame Bemühen von Patient, Angehörigen und dem therapeutischen Team gesichert werden kann und von psychologischen Aspekten wesentlich beeinflußt wird. Heute wird unter dem Begriff „Rehabilitationsmedizin" die „Summe aller krankheitsgruppenübergreifenden Instrumente zur Behandlung chronisch Erkrankter bzw. Behinderter" verstanden. Diese Behandlung inkludiert neben physikalischen, ergotherapeutischen und medikamentösen Therapien auch die psychologische Betreuung und soziale Unterstützung. Die psychologische Hilfestellung darf aber nicht ausschließlich dem Psychologen des Rehabilitationsteams übertragen werden. Alle Mitglieder des Rehabilitationsteams sind mit einer Reihe von Leistungen wie z. B. Beratungsgesprächen, Gesundheitsverhaltenstraining, Auswahl von medikamentösen oder therapeutischen Maßnahmen wesentlich an der „Mitwirkungsbereitschaft und -fähigkeit (Kooperation)" des Patienten beteiligt.

Neben der koordinativen Funktion im Rehabilitationsteam, muß der Therapeut auch die biopsychosoziale Belastung des Patienten, der mit einer chronischen Erkrankung oder einem dauerhaften Funktionsverlust konfrontiert ist, beachten. Die Auswahl der „Therapiebausteine" ergibt sich einerseits aus der aktuellen Gesamtsituation des Patienten und andererseits aus dem angestrebten Rehabilitationsziel.

3. Ziele der Rehabilitation

Wie aus der Definition des Begriffes Rehabilitation hervorgeht, kann die Wiederherstellung der Gesundheit nicht als primäres Ziel der Rehabilitation angesehen werden. Die Rehabilitationsziele ergeben sich aus dem von der WHO entwickelten Behindertenmodell. Dabei wird nach *Impairment* (Schädigung vorhandener Strukturen oder Funktionen), *Disability* (funktionelle Einschränkung z. B. in Hinblick auf Aktivitäten des täglichen Lebens) und *Handicap* (soziale Beeinträchtigung z. B. in Hinblick auf Einschränkung der physischen Unabhängigkeit) unterschieden.

Wieso ist dies wichtig? Die Diagnose und die daraus resultierenden „*Impairments*" (Feststellung der vorhandenen Schäden) gehen nicht zwingend Hand in Hand mit den „*Disabilities*" und „*Handicaps*" für den Patienten. Beispielsweise bedingt eine Armfraktur mit Verletzung des N. radialis eine Extensorenschwäche oder -lähmung. In der Akutversorgung sind daher ein

Armgips, eventuell ein operativer Eingriff und analgetische Medikamente vorgesehen. Im Anschluß daran wird der Rehabilitationsplan nach anderen Gesichtspunkten erstellt: So ist es wichtig zu wissen, ob die betroffene Extremität dominant ist und dadurch das Anziehen, Schreiben oder Autofahren eingeschränkt, allenfalls unmöglich sind (Feststellung der Disabilities). Durch Bereitstellung von adäquaten Hilfsmitteln wie z. B. Schienen, Funktionshilfen und wenn notwendig (bei bleibender Schädigung) durch Umschulung kann die „Disability" des Patienten minimiert bzw. ausgeschaltet werden, obwohl das „Impairment" noch länger oder dauernd besteht. Ein „Handicap" wäre nun darin zu sehen, wenn z. B. der Patient Musiker ist und der Verlust der Feinfingerfunktion das Spielen des Instrumentes unmöglich macht.

Dies bedeutet für den in der Rehabilitation Arbeitenden, daß

1. die „Disability" eines Patienten von seinen beruflichen, sozialen und funktionellen Erfordernissen und Bedürfnissen abhängig ist;

2. eine „Disability" durch Bereitstellung adäquater Hilfe beseitigt werden kann, selbst wenn die Ursache bestehen bleibt;

3. ein „Handicap" dagegen eine individueller, vom Patienten auch subjektiv unterschiedlich schwer erlebter und bewerteter Zustand ist.

Der Patient muß sich daher, wie bereits ausgeführt, sowohl physisch als auch psychisch auf seine Erkrankung „einstellen". Der Krankheitsverlauf wird dabei vom Krankheitsbewältigungskonzept des Patienten, der Hilfestellung bei der Verarbeitung, aber auch durch die neurophysiologische Einflußnahme der verabreichten Medikamente (z. B. Neuroleptika, Cortison, …) bzw. die Dysbalance des neurophysiologischen Systems durch die Erkrankung selbst (z. B. Erkrankungen des rheumatischen Formenkreises, M. Parkinson) bestimmt.

Ein Beispiel: Ein Patient mit chronischer Polyarthritis (c. P.) hat in der Regel immer wieder äußerst schmerzhafte Erkrankungsschübe, die zu Gelenksdeformation und Funktionsverlust führen können. Das Rehabilitationsziel ist also einerseits auf somatischer Ebene im weitgehenden Funktionserhalt der betroffenen Extremität mit Bereitstellung analgetischer und entzündungshemmender Maßnahmen zu sehen, andererseits muß hier auf psychologischer Ebene das Krankheits-/Gesundheitsverhalten und die Schmerzbewältigung im Therapieplan mitberücksichtigt werden. Aus Studien zur Schmerztherapie bei c. P. Patienten wissen wir, daß eine Reihe von psychologischen Faktoren nach einer gezielten psychologischen Intervention verbessert werden können. Dabei ist das entscheidende Agens der Therapie vermutlich nicht die psychologische Methode, sondern es kommt darauf an, dem Patienten Techniken im Sinne einer „Hilfe zur Selbsthilfe" d. h. zur selbständigen Strategieentwicklung im Umgang mit seinem Leiden in die Hand zu geben.

Analgetische und entzündungshemmende Medikamente sind für diese Patienten essentielle Behandlungsbestandteile. Die Kooperation bei der Einnahme hängt dabei von vielen Faktoren, u. a.
– Anzahl der verabreichten Medikamente,
– Schwere der Nebenwirkungen,
– Schmerzintensität,
– Behinderungsgrad,
– Gesamtdauer der Erkrankung,
– aber auch von Faktoren wie
– Wissen um die Ursache der Erkrankung und
– um die Wirkungsweise der Medikamente ab.

Das Rehabilitationsteam muß sich auch mit diesen Fragen beschäftigen, um einerseits dem behandelnden Arzt Rückmeldung zu geben und andererseits auch ihre eigenen therapeutischen Bemühungen in Relation zu eventuellen Nebenwirkungen zu erkennen. So wird ein Kraft-Ausdauertraining in der Phase einer erhöhten Cortisongabe (Cortison induziert Muskelschwäche) nur vorsichtig dosiert einzusetzen sein, da Patienten mit eingeschränkter Leistungsfähigkeit im Falle unangemessen hoher Anforderung eventuell die Therapie abbrechen. Viele Medikamente greifen auch in neurophysiologische Regelkreise (z. B. dem Limbischen System, Hypothalamus-Hypophysen-Nebennieren System) ein, die die emotionale Lage eines Menschen mitbestimmen. Depressive Verstimmung, Affektinkontinenz usw. sind daher sorgfältig auf ihre möglichen exogenen wie auch endogenen Ursachen hin zu prüfen.

4. Gestaltung und Probleme der Rehabilitation

Ein befriedigendes therapeutisches Konzept muß ganzheitlich und patientenorientiert gestaltet werden. Psychische, soziale und körperliche Bedürfnisse des Erkrankten sind zueinander in Beziehung zu setzen. Dies bedeutet konkret die
– Begleitung bei der Trauerarbeit um den Verlust der körperlichen Integrität, aber auch
– Berücksichtigung sozialer-, sexueller und Partnerprobleme sowie eine, auf die aktuellen somatischen Probleme bezogene Therapie.

Der Rehabilitationsprozeß selbst wird in 3 Phasen eingeteilt: In der ersten Phase steht die *Stabilisierung der Körperfunktionen* im Vordergrund. Sie geht fließend in die zweite Phase der Rehabilitation über, in der *psychosozialen Aspekten* am meisten Beachtung gegeben wird. Alle damit zusammenhängenden Fragen der Wiedereingliederung in das soziale und berufliche Umfeld werden nun mit dem Patienten besprochen und soweit wie möglich auch einer Lösung zugeführt. Prothesen- oder Orthesenversorgung, berufliche Umschulung, Wohnraumadaptierung und Frühpensionierung gehören hierzu. Ist jedoch keine Selbständigkeit erreichbar und der Patient bleibt dauerhaft pflegebedürftig, so muß sich das soziale Umfeld mit den tiefgreifenden Problemen eines Pflegefalles auseinandersetzen. In der dritten Phase der Rehabilitation *löst sich der Patient* von der Rehabilitationseinrichtung und versucht sich wieder in sein soziales

Umfeld zu integrieren, wobei die Nachbetreuung durch Selbsthilfegruppen einen ganz wesentlichen Bestandteil des sozialen Netzes für Patienten bildet.

Folgende Fertigkeiten begünstigen eine effiziente Bewältigung schwerer körperlicher Schädigungen:

1. Relativierung der Schwere der Krise
2. Suche nach relevanten Informationen; effektiver Gebrauch intellektueller Ressourcen
3. Einholung emotionaler Unterstützung und Rückversicherung beim Rehabilitationsteam und bei den persönlich wichtigen Menschen
4. Erlernen von spezifischem, der Erkrankung rechnungtragendem Verhalten
5. Orientierung an zeitlich überschaubaren, konkreten Zielen
6. Durchspielen alternativer Möglichkeiten
7. Entwicklung eines umfassenden Sinn- und Bedeutungszusammenhanges.

Alle drei oben genannten Phasen laufen ebenso wie die Bewältigungsstrategien wellenartig, teilweise mit Überspringen einzelner „Bewältigungsstufen", in individuell unterschiedlicher Intensität ab. Sie sollten aber allen Mitgliedern des Rehabilitationsteams bekannt sein, um besser auf die auftretenden Komplikationen wie z. B. mangelnden Therapiefortschritt, ständig wechselnde diffuse somatische Beschwerden, Mitarbeitsverweigerung aber auch Überangepaßtheit, reagieren zu können. Jeder im Rehabilitationsteam ist eine Bezugsperson für den Patienten und sollte in der Lage sein, den Patienten einfühlsam zu führen und zu betreuen. Die darüber hinausgehende vertiefte psychologische Betreuung, wie z. B. Bewältigungsstrategien beim Umgang mit Veränderungen im sozialen Gefüge, Ehekonflikten und Scheidung als Folge der Behinderung, wäre jedoch von psychotherapeutisch geschulten Rehabilitationsteammitgliedern wahrzunehmen.

Erst die Bewältigung der dritten Phase erlaubt die Beurteilung des Erfolges einer Rehabilitation. Wurde während der Rehabilitation das Augenmerk vorwiegend auf eine somatische Wiederherstellung des Patienten gerichtet und die emotionalen Veränderungen des Patientenerlebens beiseite gelassen, so können die jetzt auftretenden Ängste oder Depressionen zur Selbstaufgabe des Behinderten führen und alle oft mühsam erreichten Rehabilitationsschritte zunichte machen.

5. Einflußfaktoren im Rehabilitationsprozeß

Betrachtet man den Patienten als System, das mit seiner Umwelt in laufender Wechselbeziehung steht, so ergeben sich 4 interaktive Hauptkategorien, die grundsätzlich durch eine Erkrankung oder ein Trauma gestört werden können und deswegen in den Rehabilitationsplan miteinbezogen werden müssen:

1. Physischer Kompetenzverlust durch die Erkrankung mit Beeinträchtigung der Aktivitäten des täglichen Lebens (ATL)
2. Desintegration der sozialen Strukturen infolge der physischen Behinderung, besonders bei erzwungener Änderung des Lebensstiles
3. Änderung der beruflichen Situation durch laufende Krankenstände und Abnahme der Leistungsfähigkeit usw.
4. Psychologische Streßreaktionen sowohl als reaktive (physiologische) Antwort als auch infolge eines mangelnden Krankheitsbewältigungskonzeptes des Patienten.

5.1 Physischer Kompetenzverlust als Einflußfaktor auf die Rehabilitation

Jeder Mensch hat im Laufe seines Lebens verschiedene Bewältigungsstrategien für bedrohliche Situationen in seinem Leben entwickelt. Dies gilt auch für die körperliche Erkrankung und den damit verbundenen physischen Kompetenzverlust. Ausschlaggebend für die Erreichung des Rehabilitationszieles sind die Krankheitsbewältigungsstrategien, die der Patienten in den

Rehabilitationsprozeß miteinbringt, und die angebotene Unterstützung bei der Bewältigung der Schwierigkeiten.

In der Regel ist die medizinisch- diagnostische bzw. therapeutische Versorgung gegeben und läuft in weitgehend festgelegten Bahnen. Doch bereits hier wirken auf den Patienten eine Reihe sekundärer Belastungen ein, die in der Regel zu wenig Beachtung finden. Die zahlreichen medizinischen Untersuchungen, das Weiterreichen von einer Spezialuntersuchung zur anderen, laufend neue Informationen, die schwer für den Patienten wertbar sind, tragen dabei oft unbeabsichtigt zur Verunsicherung des Patienten bei. Infolge vermeintlichen Zeitmangels bleibt die notwendige Information und Aufklärung des Patienten über die Erkrankung und ihre Folgen meistens auf der Strecke. Es kann keine Vertrauensbasis hergestellt werden, die Bezugsperson fehlt meistens. Der Patient bleibt mit seinen Fragen und Vorstellungen über seine Erkrankung und dadurch mit seinen Ängsten alleine.

Eine weitere wichtige Entscheidung ist die Frage der (Dauer-) Medikation. Polypragmasie bringt neben der starken Einwirkung auf die Vigilanz und Antriebsstärke auch häufig unangemessene somatische Probleme mit sich, die besprochen werden sollten. Mundtrockenheit, Obstipation, Appetitlosigkeit und depressive Verstimmung sind für einen Patienten oft nicht tolerierbar. Eine schlechte Kooperation bezüglich der Medikation wird oft nicht erkannt, da ein Patient, infolge der fehlenden Bezugsperson, sich möglicherweise dem behandelnden Arzt nicht anvertraut bzw. mehrere Ärzte konsultiert. Der Patient kann aber auch durch das Fortschreiten der Erkrankung sehr leicht in ein „*chronisches Krankheitsverhalten*" gleiten, das dann weit über die Krankheit hinaus das Leben des Patienten dominiert. Der Patient zeigt z. B.:

– Ausgeprägte Passivität sowie Abgabe der Verantwortung an die Vertreter des Gesundheitswesens, wodurch die Selbsthilfemöglichkeiten eingeschränkt werden.

– Vordergründige Kooperation und den dauernden Wunsch nach medizinischer Intervention.

– Ausgeprägtes Vermeidungsverhalten gegenüber unangeneh-
men und beschwerdeinduzierenden Situationen. Diese Haltung führt schließlich zu mangelndem Selbstvertrauen mit
Einschränkung der Leistungsfähigkeit sowie sozialem Rückzug.

Dieser circulus vitiosus muß vom Rehabilitationsteam erkannt
und durchbrochen werden. Insbesondere die vordergründige
Kooperation mit starkem Appell an die Mitglieder des Rehabilitationsteams kann dazu führen, daß einzelne Teamangehörige
ihre therapeutische Objektivität infolge ihrer Solidarisierung mit
den Wünschen des Patienten verlieren. Dies führt aber zu einer
therapeutischen Resignation, die den Patienten, die Angehörigen und das Team frustriert. Eine Verstärkung des chronischen
Krankheitsverhaltens seitens des Patienten und die Zerstörung
der Kooperation innerhalb des Teams müssen befürchtet werden. Dieser Gefahr kann durch regelmäßige Teambesprechun-
gen, Supervision des therapeutischen Teams, Angehörigenschu-
lungen und engmaschige Überprüfung des Therapieverlaufes
vorgebeugt werden.

5.2 Der Einfluß sozialer Strukturen und beruflicher Belastung auf die Rehabilitation

Berufliche Destabilisierung und die Gefahr sozialer Desintegration gehen auch im „normalen" Leben oftmals Hand in Hand.
Durch eine chronische Erkrankung besteht auch noch zusätzlich
die Gefahr einer Stigmatisierung, d. h. einer gesellschaftlichen
Ausgrenzung und Demütigung. Eingeschränkte Leistungsfähigkeit, Verlust der persönlichen Attraktivität und Vitalität führen
in unserer Gesellschaft, in der Leistungsfähigkeit und jugendliche Aktivität betont werden, rasch zur Einbuße des Selbstwert-
gefühls. Die Erfassung des Lebensstils des Patienten gehört
somit auch zur Rehabilitationsanamnese, damit der Impact der
Erkrankung auf die sozialen, beruflichen und Freizeitaktivitäten

des Patienten besser eingeschätzt werden kann. Die Schwerpunkte und persönlichen Werte des Patienten geben Auskunft über die individuell empfundene Schwere des Traumas, die individuellen Stressoren der Erkrankung und über die möglichen Kompensationsfähigkeiten. Ist ein Patient z. B. besonders „motorisch-orientiert", so sind ihm sportliche und manuelle Aktivitäten besonders wichtig; symbolorientierte Patienten benötigen eher geistige Anregung und intellektuelle Auseinandersetzung und sozial orientierte Patienten haben ihre beruflichen und Freizeitaktivitäten eher auf interpersonale Beziehungen (Clubaktivitäten, Lehr- oder Verkaufsaktivitäten) gerichtet. Starke einseitige Ausrichtung kann daher rehabilitationsbehindernd sein, wenn gerade in diesem Bereich das Trauma oder die funktionelle Einschränkung zum Tragen kommt.

5.3 Psychologische Einflußfaktoren auf die Rehabilitation

Nach Huppmann und Wilker (1990) wird das Krankheitsverhalten der Patienten bestimmt durch:
- die Wahrnehmbarkeit und Auffälligkeit von Krankheitszeichen und Symptomen,
- Häufigkeit und Dauer des Auftretens von Störungen (Schmerz, Muskelschwächen),
- erzwungenen Wegfall von sozialen Aktivitäten,
- Einbuße der Arbeitsfähigkeit,
- individuelle Toleranzschwelle gegenüber Symptomen,
- Einschätzung der Kosten der Inanspruchnahme medizinischer Versorgungsleistungen in zeitlicher, finanzieller, sozialer und psychischer Hinsicht.

Diese Punkte geben im wesentlichen die exogenen Einflußfaktoren wieder. Die individuelle Bewertung und das daraus resultierende Krankheitsverhalten ist aber auch Produkt aus Selbstwahrnehmung, Selbsteinschätzung und Abwehrstrategien.

6. Zusammenfassung

Ziel dieses Artikels ist es, aufzuzeigen, daß eine chronische Erkrankung in alle Lebensbereiche eines Patienten eingreift. Eine erfolgreiche Rehabilitation kann nur gewährleistet werden, wenn die Gesamtbeurteilung der Krankheits- und Behinderungssituation in Hinblick auf den biographischen Lebenszusammenhang und auf das Krankheitsbewältigungspotential des Patienten erfolgt.

Dazu ist es notwendig, daß das Rehabilitationsteam

1. die multifaktoriellen Einflüsse auf den Rehabilitationsverlauf kennt und im Therapieprogramm mitberücksichtigt,

2. die Rehabilitation als einen (in Stadien ablaufenden) Anpassungsprozeß des Patienten an seine chronische Erkrankung versteht und dabei seine individuellen Bewältigungsstrategien fördert,

3. die Subjektivität der Krankheitsbewertung durch den Patienten akzeptiert,

4. die Krankheitsbewältigungsstrategien des Patienten analysiert, um eventuelle psychopathologische Fehlanpassungen rechtzeitig zu erkennen,

5. klare Rehabilitationsziele, jeweils angepaßt an die aktuelle Situation definiert, um Erfolg oder Mißerfolg definieren zu können (Qualitätssicherung) und um Möglichkeit und Grenzen der Rehabilitierbarkeit klarzulegen.

Sachregister

Literatur

Adler, A. (1907). Studie über Minderwertigkeit von Organen. Berlin: Urban & Schwarzenberg.

Aichinger, A. (1995). Intensität als Qualitätsmerkmal. Sub, Verein für Bewährungshilfe und soziale Arbeit – 1/95.

Akert, K. (1979). Probleme der Hirnreifung. In R. Lempp (Hrsg.). Teilleistungsstörungen im Kindesalter. Bern-Stuttgart-Wien: Huber.

Ansbacher, H., Ansbacher, R. (1972). Alfred Adlers Indvidualpsychologie. Eine systematische Darstellung seiner Lehre in Auszügen aus seinen Schriften. München-Basel: Reinhardt.

Antonovsky, A. (1987). The salutogenetic perspective: Towards a new view of health and illness. Advances, 4, 47–55.

Arbeitskreis von Lektoren und Studenten der Sonder- und Heilpädagogik (1.–3. 5. 1995). Workshop: Interdisziplinäre Zusammenarbeit in der Sonder- und Heilpädagogik. Universitätsklinik des Kindes- und Jugendalters, Wien.

Arlt, I. (1958). Wege zu einer Fürsorgewissenschaft. Wien: Notring.

Asperger, H. (1952). Heilpädagogik. Einführung in die Psychopathologie des Kindes für Ärzte, Lehrer, Psychologen, Richter und Fürsorgerinnen. Wien: Springer.

Bach, H. (1986). Die Psychologie in der Rehabilitation behinderter Menschen – Grundlagen, Aufgabenbereiche, Probleme. In K. H. Wiedl (Hrsg.). Rehabilitationspsycholgie (S. 13–31). Stuttgart-Berlin-Köln-Mainz: Kohlhammer.

Badura, B., Lehmann, H. (1988). Sozialpolitische Rahmenbedingungen, Ziele und Wirkungen von Rehabilitation. In U. Koch, G. Lucius-Hoene, R. Stegie (Hrsg.). Handbuch der Rehabilitationspsychologie (S. 58–73). Berlin-Heidelberg-London-Paris-Tokyo: Springer.

Bang, R. (1958). Hilfe zur Selbsthilfe für Klient und Sozialarbeiter. München-Basel: Reinhardt.

Basaglia, F. (1971). (Hrsg.). Was ist die Psychiatrie? Frankfurt: Suhrkamp.

Battegay, R. (1991). Narzismus und Interaktionsformen. Frankfurt/M.: Fischer.

Bettelheim, B., Karlin, D. (1988). Liebe als Therapie. München: Piper.

Binet, A., Simon, T. (1905). Application des méthodes nouvelles au diagnostic du niveau intellectuel chez de enfants normaux et anormaux d'hospice et de l'école primaire. Année psychol., 11, 245–336.

Bleidick, U. (1985). Individualpsychologie, Lernbehinderungen und Verhaltensstörungen. Hilfen für Erziehung und Unterricht. Beiträge zur Pädagogik der Behinderten hrsg. von U. Bleidick, Bd. 7. Berlin: Marhold.

Bleidick, U., Claußen, W. H., Dohse, W., Myschker, N., Rath, W. (1977). Einführung in die Behindertenpädagogik, Bd. 3, Schwerhörigenpädagogik, Sehbehindertenpädagogik, Sprachbehindertenpädagogik, Verhaltensgestörtenpädagogik. Stuttgart-Berlin-Köln-Mainz: Kohlhammer.

Bleidick, U., Hagemeister, U., Kröhnert, O., Pawel, B. v., Rath, W. (1977). Einführung in die Behindertenpädagogik, Bd. 2, Blindenpädagogik, Gehörlosenpädgogik, Geistigbehindertenpädagogik, Körperbehindertenpädagogik, Lernbehindertenpädagogik. Stuttgart-Berlin-Köln-Mainz: Kohlhammer.

Bleidick, U., Hagemeister, U. (1981). Einführung in die Behindertenpädagogik I. Stuttgart-Berlin: Kohlhammer.

Bopp, L. (1930). Allgemeine Heilpädadagogik in systematischer Grundlegung und erziehungspraktischer Einstellung. Freiburg: Herder.

Brockhaus (1993). 5-bändige Ausgabe. Mannheim-Leipzig: Brockhaus.

Bronfenbrenner, U. (1981). Die Ökologie der menschlichen Entwicklung. Stuttgart: Klett.

Bundschuh, K. (1995). Heilpädagogische Psychologie. München-Basel: Reinhardt.

Busemann, A. (1965). Kindheit und Reifezeit. Frankfurt/M.: Diesterweg.

Caplan, G. (1964). Principles of Preventive Psychiatry. New York-London: Basic Books.

Ciompi, L. (1993). Krisentheorie heute. In U. Schnyder, J. D. Sauvant (Hrsg.), Krisenintervention in der Psychiatrie. Bern: Huber.

Cloerkes, G. (1983). Behinderung in der Gesellschaft: Ökologische Aspekte und Integration. In U. Koch, G. Lucius-Hoene, R. Stegie (Hrsg.). Handbuch der Rehabilitationspsychologie (S. 86–100). Berlin-Heidelberg-NewYork-London-Paris-Tokyo: Springer.

Cranach, M. v. (1993). Bedarf und Funktion außerstationärer Krisenintervention und Notfallspsychiatrie. In G. Wienberg (Hrsg.), Bevor es zu spät ist. Bonn: Psychiatrie-Verlag.

Cullberg, J. (1978). Krisen und Krisentherapie. Psychiatr. Praxis, 5, 25–34.

Datler, W. (1995). Bilden und Heilen: auf dem Weg zu einer pädagogischen Theorie psychoanalytischer Praxis. Mainz: Mathias-Grünewald.

Dorsch, F., Häcker, H., Stapf, K.-H. (1987). Dorsch Psychologisches Wörterbuch. Bern-Stuttgart-Toronto: Huber.

Düring, E. von (1925). Grundlagen und Grundsätze der Sonder- und Heilpädagogik. Vorlesungen für Lehrer, Erzieher und Studierende aller Fakultäten. Zürich: Holzapfel.

Engelke, E. (1992). Soziale Arbeit als Wissenschaft. Freiburg: Lambertus.

Erikson, E. H. (1959, 1973). Identität und Lebenszyklus. Frankfurt: Suhrkamp.

Erikson, E. H. (1963). Wachstum und Krisen der gesunden Persönlichkeit. Stuttgart: Klett.

Farberow, N. L., Shneidman, E. S. (1961). The Cry for Help. New York: McGraw Hill.

Fatzer, G. (1990). Supervision und Beratung. Frankfurt/M.: Edition Humanistische Psychologie.

Feuser, G. (1986). Integration: Humanitäre Mode oder humane Praxis? Demokratische Erziehung, 12(1), 22–27.

Freedman, D. A. (1976). Angeborene Defekte. Die Auswirkungen kongenitalen und perinatalen Sinnesverlustes auf die Entwicklung der Persönlichkeit. In D. Eicke (Hrsg.). Die Psychologie des 20. Jahrhunderts, Bd. II, Freud und die Folgen (S. 933–959). Zürich: Kindler.

Freud, A. (1964). Das Ich und die Abwehrmechanismen. München: Kindler.

Freud, A. (1968). Wege und Irrwege der Kinderentwicklung. Stuttgart: Klett.

Freud, S. (1905). Drei Abhandlungen zur Sexualtheorie. Leipzig-Wien: Deuticke.

Freud, S. (1917, 1975). Trauer und Melancholie. In S. Freud, Studienausgabe, Bd. III. Frankfurt: Fischer.

Freud, S. (1930). Das Unbehagen in der Kultur, GW Bd. 12. Frankfurt/M.: Fischer.

Frühmann, R. (1994). Zur Gruppenmodellbildung in der Psyhotherapie. In M. Hochgerner, E. Wildberger (Hrsg.). Die Gruppe in der Psychotherapie. Wien: Facultas.

Fürstenau, P. (1992). Entwicklungsförderung durch Therapie. München: Pfeiffer.

Galperin, P. J. (1980). Zu Grundfragen der Psychologie. Köln: Pahl-Rugenstein.

Garnitschnig, K. (1994). Gemeinsamer Unterricht behinderter und nicht behinderter Kinder. Erziehung und Unterricht, 144(6), 339–350.

Georgens, J., Deinhart, H. (1861, 1863). Die Heilpädagogik unter besonderer Berücksichtigung der Idiotie und Idiotenanstalten. Bd. I und II. Leipzig: Fleischer.

Gerber, G. (1995). Historische Wurzeln der Rehabilitationspädagogik – Seguin, Montessori u. a. In E. Ablinger, U. Winkler (Hrsg.). Skriptum zur Lehrveranstaltung "Theoretische Durchdringung der heilpädagogischen Praxis an ausgewählten Beispielen I". Institut für Erziehungswissenschaften, Fachbereich Sonder- und Heilpädagogik, Universität Wien.

Gerber, G., Kappus, H., Datler, W., Reinelt, T. (1985). (Hrsg.). Der Beitrag der Wissenschaften zur interdisziplinären Sonder- und Heilpädagogik. Referate der 21. Arbeitstagung der Dozenten für Sonderpädagogik in deutschsprachigen Ländern. Wien: Interfakultäres Institut für Sonder- und Heilpädagogik, Universität Wien.

Gibson, J. J. (1973). Die Sinne und der Prozeß der Wahrnehmung. Bern-Stuttgart-Wien: Huber.

Goffman, E. (1980). Stigma. Über Techniken der Bewältigung beschädigter Identität. Frankfurt/Main: Suhrkamp.

Goll, H. (1995). Vorgangsweisen bei akuten Krisen. In: G. Sonneck (Hrsg.), Krisenintervention und Suizidverhütung. Wien: Facultas.

Goll, H., Sonneck, G. (1995). Was sind psychosoziale Krisen. In G. Sonneck (Hrsg.), Krisenintervention und Suizidverhütung. Wien: Facultas.

Görres, S., Hansen, G.(1992). Psychotherapie bei Menschen mit geistiger Behinderung. Bad Heilbrunn/OBB: Klinkhart.

Grawe, Donati, R., Bernaurer, F. (1994). Psychotherapie im Wandel. Göttingen: Hogrefe.

Grimm, R. (1995). Perspektiven der therapeutischen Gemeinschaft in der Heilpädagogik. Ein Ort gemeinsamer Entwicklung. Bad Heilbrunn/OBB: Klinkhart.

Grond, E. (1984). Sozialmedizin. Hilfen für Behinderte und Kranke in ihrer Umwelt, Bd. 2: Allgemeiner Teil. Dortmund: modernes lernen.

Gröschke, D. (1989). Praxiskonzepte der Heilpädagogik. Versuche einer Systematisierung und Grundlegung. München-Basel: Reinhardt.

Gröschke, D. (1992). Psychologische Grundlagen der Heilpädagogik. Ein Lehrbuch zur Orientierung für Heil-, Sonder- und Sozialpädagogen. Bad Heilbrunn/OBB: Klinkhart.

Gröschke, D. (1993). Praktische Ethik der Heilpädagogik. Individual- und sozialethische Reflexionen zu Grundfragen der Behindertenhilfe. Bad Heilbrunn/OBB: Klinkhart.

Gruber, H. (1991). (Hrsg.). Behinderung und Umwelt – Umwelt und Behinderung. Kongreßbericht über den 8. Heilpädagogischen Kongreß vom 14. (16. 6. 1990 in Wien: Allgemeine Unfallversicherung.

Guggenbühel, J. J. (1853). Die Heilung und Verhütung des Cretinismus und ihre neuesten Fortschritte. Bern-St. Gallen: Huber & Comp.

Haeberlin, U. (1985a). Allgemeine Heilpädagogik. Mit Ergänzungen von J-L. Lambert. Einführung in die Heilpädagogik hrsg. v. U. Haeberlin, Bd. 1. Bern-Stuttgart: Haupt.

Haeberlin, U. (1985b). Das Menschenbild für die Sonder- und Heilpädagogik. Bern-Stuttgart: Haupt.

Häfner, H. (1974). Krisenintervention. Psychiatr. Praxis, 1, 139–150.

Häfner, H. (1978). Krisenintervention und Notfallsversorgung in der Psychiatrie. Therapiewoche, 28, 2716f.

Häfner, H., Helmchen, H. (1978). Psychiatrischer Notfall und psychiatrische Krise – Konzeptuelle Fragen. Nervenarzt, 49, 82–178.

Hanselmann, H. (1930). Einführung in die Heilpädagogik. Zürich: Rotapfel.

Havighurst, R. J. (1952). Developmental task and education. New York: Plenum Press.

Heiner, M. et al (1994). Methodisches Handeln in der sozialen Arbeit. Freiburg: Lambertus.

Hellbrügge, T. (1981a). Montessori-Pädagogik als ärztliche Pädagogik. In T. Hellbrügge (Hrsg.). Klinische Sozialpädiatrie. Ein Lehrbuch der Entwicklungsrehabilitation im Kindesalter (S. 397–403). Berlin-Heidelberg-New York: Springer.

Hellbrügge, T. (1981b). Kindliche Frühentwicklung als Chance für die Frühtherapie behinderter oder von Behinderung bedrohter Kinder. In T. Hellbrügge (Hrsg.). Klinisch Sozialpädatrie. Ein Lehrbuch der Entwicklungsrehabilitation im Kindesalter (S. 193–198). Berlin-Heidelberg-NewYork: Springer.

Hexel, M. (1995). Entwicklungspsychologie. In G. Bogy, V. Günther, M. Hexel, H. Schweigkofler. Bibliothek Psychotherapie, Bd. 2. Psychologie für Psychotherapeuten. Wien: Facultas.

Hochgerner, M. (1990). Das Berufsbild des Psychotherapeuten. In: Sonneck, G. (Hrsg.). Das Berufsbild des Psychotherapeuten. Wien: Facultas.

Hochgerner, M. (1994). Psychotherapie – wie? In: Gemeindenahe Psychiatrie 3/94, Zeitschrift der ÖGGP.

Hochgerner, M. (1995). Der erweiterte Gestaltkreis V. v. Weizsäckers. Unveröffentl. Lehrbeauftragungsarbeit im ÖAKBT. 6020 Innsbruck, Tschurtschentaler Str. 2a.

Homburger, A. (1927). Die psychoanalytische, indvidualpsychologische und klinische Betrachtungsweise als Grundlage der Heilpädagogik (S. 128 f.). Bericht 2. Allgem. Ärztl. Kongreß f. Psychotherapie. Leipzig: Hirzel.

Hovorka, H. (1995). Pädagogik der Nichtaussonderung und Vielfalt. Impulsreferat. Kongreß der Österreichischen Bildungsallianz "Bildung bewegt", 15.–19. 3. 95, Universität Graz. Arbeitskreis 5: Pädagogik der Nichtaussonderung und Vielfalt.

Iben, G. (1988). (Hrsg.). Das Dialogische in der Heilpädagogik. Mainz: Grünewald.

Isserlin, M. (1923). Psychiatrie und Heilpädagogik. In H. Goepfert (Hrsg.). Bericht über den ersten Kongreß für Heilpädagogik in München. Berlin.

Itard, J. M. G. (1965). Victor, das Wildkind von Aveyron. Einleitung und Nachwort von Jakob Lutz. Zürich-Stuttgart: Rotapfel.

Jacobson, G. F. (1974). Programs and techniques of crisis intervention. In S. Arieti (Ed.), American Handbook of Psychiatry. Vol. 2. New York: Basic Books.

Jansen, G. W. (1972). Die Einstellung der Gesellschaft zu Körperbehinderten. Eine psychologische Analyse zwischenmenschlicher Beziehungen aufgrund empirischer Untersuchungen. Rheinstetten: Schindele.

Jantzen, W. (1990). Allgemeine Behindertenpädagogik Bd. 2. Neurowissenschaftliche Grundlagen, Diagnostik, Pädagogik und Therapie. Weinheim-Basel: Beltz.

Jantzen, W. (1992). Allgemeine Behindertenpädagogik, Bd. 1. Sozialwissenschaftliche und psychologische Grundlagen. Weinheim-Basel: Beltz.

Janzowski, F. (1988). Psychologische Hilfen in der Rehabilitation. In
U. Koch, C. Lucius-Hoene, R. Stegie (Hrsg.). Handbuch der Rehabi-
litationspsychologie (S. 280–297). Berlin-Heidelberg-New York-
London-Paris-Tokyo: Springer.

Jaspers, K. (1932). Philosophie. Bd. II. Berlin: Springer.

Jorda, Ch. (1991). Unveröffentl. Arbeitspapiere zu Psychosoziale Inter-
ventionsformen/ÖAGG-Propädeutikum. 1080 Wien, Lenaugasse 3.

Kallio, V. (1985). Medizinische und soziale Probleme der Behinderten.
EURO Berichte und Studien Nr. 73: Kopenhagen.

Kast, V. (1987). Der schöpferische Sprung. Vom therapeutischen Umgang mit Krisen. Olten und Freiburg im Breisgau: Walter.

Katschnig, H., Konieczna, T. (1987). Notfallpsychiatrie und Krisenin-
tervention: Überblick über Versorgungsprobleme. In H. Katschnig,
C. Kulenkampf (Hrsg.), Notfallpsychiatrie und Krisenintervention.
Köln: Rheinland.

Kierein, M., Pritz, A., Sonneck, G. (1991). Psychologengesetz/Psycho-
therapiegesetz – Kurzkommentar. Wien: Orac.

Kiphard, E. (1983). Adapted physical education in Germany. In R.
Eason, T. Smith, F. Caron (Eds.). Adapted physical activity: From
theory to application (pp. 25–23). Champaign: Human Kinetics.

Klauer, J. K. (1992). (Hrsg.). Grundriß der Sonderpädagogik. Berlin:
Spiess (Edition Marhold).

Kobi, E. E. (1993). Grundfragen der Heilpädagogik: eine Einführung
in heilpädagogisches Denken. Bern-Stuttgart-Wien: Haupt.

Kohler, I. (1951). Über Aufbau und Wandlungen der Wahrnehmungs-
welt. Österr. Akad. d. Wissensch. Bd. 227/1. Wien: Rohrer.

Kossakowski, A. (1991). Theoretische Ansätze zur Periodisierung der
psychischen Entwicklung der Persönlichkeit. In U. Schmidt-Denter
(Hrsg.). Entwicklung und Erziehung im ökopsychologischen Kontext (S. 68–77). München-Basel: Reinhardt.

Kottenhof, H. (1961). Was ist richtiges Sehen mit Umkehrbrillen, und
in welchem Sinne stellt sich das Sehen um? Psychologica universalis
5. Meisenheim am Glan: Hain.

Kroh, O. (1951). Psychologie der Entwicklung. Lexikon der Pädagogik
(S. 438–447). Bern: A. Francke A. G.

Kubr, M. (1986). Management Consulting. International Labour Offi-
ce, Genf.

Lenz, W. (1995). Zwischenrufe. Wien: Böhlau.

Lersch, R., Vernooij (1992). (Hrsg.). Behinderte Kinder und Jugendliche in der Schule. Herausforderungen an Schul- und Sonderpädagogik. Bad Heilbrunn/Obb: Klinkhardt.

Lesemann, G. (1960). Gibt es eine "Sonderpädagogische Didaktik?" Z.
Heilpädagogik, 11, 533–541.

Lindemann, E. (1944). Symptomatology and management of acute
grief. Amer. Journal of Psychiatry, 101, 141–148.

Lindemann, E. (1985). Jenseits von Trauer. Göttingen: Verlag für
Medizinische Psychologie.

Lindenmeyer, J. (1983). Behindert-Werden. Zur Psychologie einer Bewältigung einer traumatischen Körperbehinderung. Heidelberg: Schindele.

Lindmaier, C. (1993). Behinderung – Phänomen oder Faktum? Bad Heilbrunn OBB: Klinkhardt.

Lorenzer (1977). Sprachspiel und Interaktionsformen. Frankfurt/M.: Fischer.

Lorenzer (1983). Sprache, Lebenspraxis und szenisches Verstehen in der psychoanalytischen Therapie. Psyche, 37, 97–115.

Ludewig, K. (1991). Grundarten des Helfens. In H. Brandau (Hrsg.). Supervision aus systemischer Sicht. Salzburg: Otto Müller.

Luft, I. (1972). Einführung in die Gruppendynamik. Stuttgart: Klett.

Luria, A. R. (1980). Higher Cortical Functions In Man. New York: Consultants Bureau Enterprises, Inc.

Meinertz, F., Kausen, R., Klein, F. (1992). Heilpädagogik. Eine Einführung in pädagogisches Sehen und Verstehen. Bad Heilbrunn/OBB.: Klinkhardt.

Meise, U., Hafner, F. (1991). Die Versorgung psychisch Kranker in Österreich. In H. Hinterhuber (Hrsg.). Berlin-Heidelberg-New York: Springer.

Meister-Steiner, B. (1989). Lebenslage Abseits? In B. Meister-Steiner, W. Schönwiese, N. Thaler, I. Wiser (Hrsg.). Blinder Fleck und rosarote Brille. Behinderung und Integration als Herausforderung für Familie, Kindergarten und Schule. Thaur: Österreichischer Kulturverlag.

Mentzos, S. (1982). Neurotische Konfliktverarbeitung. Frankfurt/M.: Fischer.

Moor, P. (1951). Heilpädagogische Psychologie, Bd.1: Grundtatsachen einer allgemeinen Pädagogischen Psychologie. Bern: Huber.

Moor, P. (1958). Heilpädagogische Psychologie, Bd. 2: Pädagogische Psychologie der Entwicklungshemmungen. Bern: Huber.

Moor, P. (1965). Heilpädagogik. Ein pädagogisches Lehrbuch. Bern-Stuttgart: Huber.

Obrecht, W. (1993). Sozialarbeit und Wissenschaft. Sozialarbeit, Nr. 9.

Oerter, R. (1989). Frühkindliche Entwicklung aus ökologischer Sicht: Früherkennung und Frühförderung. Frühförderung interdisziplinär, 8, 171–128.

Oerter, R., Montada, L. (1982). Entwicklungspsychologie München-Wien-Baltimore: Urban & Schwarzenberg.

Pederson, C. Z. (24. 5. 1995). Unarmed to the South Pole. Vortrag am 10th International Symposium on Adapted Physical Activity. Beitostolen, Norwegen.

Petzold, H. (1988). Integrative Leib- und Bewegungstherapie, Bd. 1 u. 2. Paderborn: Junfermann.

Petzold, H. (1993). Integrative Therapie Bd. I–III. Paderborn: Junfermann.

Pflüger, L. (1991). Neurogene Entwicklungsstörungen. Eine Einführung für Sonder- und Heilpädagogen. München-Basel: Reinhardt.

Philippen, D. P. (1994). "Barrierefrei" ein Modell oder mehr? In Verband Deutscher Rentenversicherungsträger (Hrsg.). Befundung, Diagnostik, Intervention. 4. Rehabilitationswissenschaftliches Kolloquium 7./8. März 1994 in Lübeck. DRV Schriften Band 3 (S. 128–133). Frankfurt am Main: WDV Wirtschaftsdienst, Gesellschaft für Medien & Kommunikation.

Piaget, J. (1949). La construction du réel chez l'efant. Neuchatel: Delachaux & Niestle.

Piaget, J. (1975). Gesammelte Werke, 10 Bd. Stuttgart: Klett.

Piaget, J. (1983). Biologie der Erkenntnis. Über die Beziehungen zwischen organischen Regulationen und kognitiven Prozessen. Frankfurt am Main: Fischer.

Piaget, J. (1992). Psychologie der Intelligenz. Stuttgart: Klett.

Pöldinger, W. (1968). Die Abschätzung der Suizidalität. Bern: Huber.

Portmann, A. (1969). Biologische Fragmente zu einer Lehre vom Menschen, 3. Basel: Schwabe.

Premerstein, R. v. (1978). Johann Jakob Guggenbühel und der Abendberg. In: H. v. Bracken (Hrsg.). Erziehung und Unterrichtung behinderter Kinder. Wiesbaden: Akademische Verlagsgesellschaft.

Pritz, A. (1990). Kurzgruppenpsychotherapie. Berlin-Heidelberg-New York: Springer.

Rahm, D. et al. (1993). Einführung in die integrative Therapie. Paderborn: Junfermann.

Rauchfleisch, L. (1981). Dissozial. Goettingen: Vandenhoek + Ruprecht.

Rauchfleisch, L. (1992). Allgegenwart von Gewalt. Goettingen: Vandenhoek + Ruprecht.

Rauchfleisch, L. (1996). Menschen in psychosozialer Not. Goettingen: Vandenhoek + Ruprecht.

Reinelt, T. (1986). Organisatoren des Biopsychischen und des Verhaltens. Sequenz innerhalb des Vortrages im Rahmen des Habilitationskolloquium. Gesellschaft der Ärzte. Wien.

Reinelt, T. (1990). Das psychosozial entwicklungestörte Kind aus der Sicht des Psychotherapeuten. Heilpädagogik, 33, 4, 101–110.

Reinelt, T. (1992). Theoretische und praktische Anmerkungen zum Stottern aus der Sicht der Funktionellen Entspannung. In I. Frühwirth, F. Meixner (Hrsg.). Theorie und Praxis der sprachheilpädagogischen Arbeit (S. 64–73) Jugend & Volk: Wien.

Reinelt, T. (1993). Lebensqualität aus der Sicht der Individualpsychologie von Alfred Adler und der Funktionellen Entspannung von Marianne Fuchs. In I. Ramsauer, C. Posch, C. Nuener (Hrsg.). Lebensqualität und Heilpädagogik. Kongreßbericht. Höbersdorf bei Wien: Kaiser.

Reinelt, T. (1994). Konzeptuelle Überlegungen zur inhaltlichen und institutionellen Neuorganisation des Bereiches Sonder- und Heilpädagogik bzw. eines Fachbereiches Soziale Integration für Fragen und Probleme von "special needs". Heilpädagogk, 37(5), 2–7.

Reinelt, T. (1995a). Behindertsein und Krankheit. In O. Frischenschlager, M. Hexel, W. Kantner-Rumplmair, M. Ringler, W. Söllner, U. V. Wisiak (Hrsg.). Lehrbuch der Psychosozialen Medizin. Grundlagen der Medizinischen Psychologie, Psychosomatik, Psychotherapie und Medizinischen Soziologie. Wien-NewYork: Springer.

Reinelt, T. (1995b). Die zentrale Frage der Beziehung. In T. Reinelt, G. Bogyi, B. Schuch (Hrsg.). Lehrbuch der Kinderpsychotherapie. München-Basel: Reinhardt.

Reinelt, T. (1996, im Druck). Spüren, Fühlen, Denken. Entwicklungspsychologische Anmerkungen zur Prophylaxe, Psychotherapie und Rehablitaion. In I. Farag, R. Krisch, V. Pfersmann (Hrsg.). Prophylaxe, Psychotherapie und Rehabilitation. Berlin-Heidelberg-NewYork-London-Paris-Tokyo: Springer.

Reinelt, T., Datler, W. (1989). (Hrsg.). Beziehung und Deutung im psychotherapeutischen Prozeß. Berlin-Heidelberg-New York-London-Paris-Tokyo: Springer.

Reinelt, T., Gerber, G. (1990). Sensing, Feeling, Thinking. A Development Model for Therapy and Rehabilitation. European Journal of Child and Adolescent Psychiatry. Acta Paedopsychiatrica, 53(3), 220–223.

Ringel, E. (1953). Der Selbstmord. Wien: Maudrich.

Ringel, E. (1969). Selbstmordverhütung. Bern: Huber.

Ringel, E. (1981). Der Selbstmord – Abschluß einer krankhaften psychischen Entwicklung. 2. Auflage. Frankfurt-Wien.

Rogers, C. R. (1972). Die nicht-direktive Beratung. München.

Rogers, C. R. (1973a). Die klient-bezogene Gesprächstherapie. München.

Rogers, C. R. (1973B). Entwicklung der Persönlichkeit. Stuttgart.

Ronneberg, E. (1993). The Norwegian Government's Plan of Action for the Disabled. Unveröffentlichtes Manuskript. Oslo.

Sander, A., Raidt, P. (1991). (Hrsg.). Integration und Sonderpädagogik. Referate der 27. Dozententagung in deutschsprachigen Ländern im Oktober 1990 in Saarbrücken. Saarbrücker Beiträge zur Integrationspädagogik. Bd. 6. St. Ingbert: Röhrig.

Schmidt-Denter, U. (1991). Entwicklung und Erziehung im öko-psychologischen Kontext. München-Basel: Reinhardt.

Schnyder, U. (1993). Ambulante Krisenintervention. In U. Schnyder, J. D. Sauvant (Hrsg.), Krisenintervention in der Psychiatrie. Bern: Huber.

Séguin, E. (1912). Die Idiotie und ihre Behandlung nach physiologischer Methode. Bearbeitet und herausgegeben von S. Krenberger. Wien: Gräser.

Seitelberger, F. (1981). Die Rolle des Nervensystems im psychosomatischen Geschehen. Die Einheit von Struktur und Funktion im Aufbau des menschlichen Gehirns. In T. v. Uexküll (Hrsg.). Lehrbuch der psychosomatischen Medizin (S. 135–140). München-Wien-Baltimore: Urban & Schwarzenberg.

Sherill, C. (1994). Individual Differences, Adaptation and Creativity Theory: Applications and Perspectives. Vortrag zum Weltkongreß Sport '94. Veränderungen und Herausforderungen. Berlin 26. 6. 1994.

Sherill, C. (1995). Adaptation Theory: The Essence of our Profession und Discipline. Vortragsmanusskript. 10th International Symposium on Adapted Physical Activity. Oslo.

Singer, E. (1983). Methoden der Sozialarbeit. Seminarunterlagen Bundesakademie für Sozialarbeit, Wien.

Sonneck, G. (1995). Krisenintervention. In G. Sonneck (Hrsg.), Krisenintervention und Suizidverhütung. Wien: Facultas.

Speck, O. (1987). System Heilpädagogik. Eine ökologisch reflexive Grundlegung. München-Basel: Reinhardt.

Spiel, W., Spiel, G. (1987). Kompendium der Kinder- und Jugendneuropsychiatrie. München-Basel: Reinhardt.

Spiess, W., Motsch, H-J. (1986). Heilpädagogische Handlungsfelder I. Umgang mit Verhaltensauffälligen, Arbeiten mit Sprachbehinderten. Einführung in die Heilpädagogik hrsg. von U. Haeberlin Bd. 3. Bern-Stuttgart: Haupt.

Stemberger, G. (1994). Prävention im Betrieb. Prävention im Betrieb, Gesundheitsgespräche. Arbeiterkammer, Wien.

Strotzka, H. (1978). Psychotherapie: Grundlagen, Verfahren, Indikationen. München-Wien-Baltimore: Urban & Schwarzenberg.

Strotzka, H. (1980). Der Psychotherapeut im Spannungsfeld der Institutionen. München-Wien-Baltimore: Urban & Schwarzenberg.

Stumm, G. (1990). Krise und Psychotherapie. In Ch. Stromberger (Hrsg.), Lebenskrisen – Abschied vom Mythos der Sicherheit. Wien: Verlag für Gesellschaftskritik.

Tröster, H. (1990). Einstellungen und Verhalten gegenüber Behinderten. Konzepte, Ergebnisse und Perspektiven sozialpsychologischer Forschung. Bern: Huber.

Uexküll, T. v., Wesiack, W. (1988). Theorie der Humanmedizin. Grundlagen ärztlichen Denkens und Handelns. München-Wien-Baltimore: Urban & Schwarzenberg.

Ulich, D. (1987). Krise und Entwicklung. Zur Psychologie der seelischen Gesundheit. München-Weinheim: Psychologie Verlags Union.

Vyslonzil, M. (1995). Sozialarbeitswissenschaft in Österreich. Sozialarbeit, Zeitschrift des ÖBDS, Nr. 109, Dez. 1995.

Weizsäcker, V. v. (1940). Der Gestaltkreis. Stuttgart: Thieme.

Werner, H. (1953). Einführung in die Entwicklungspsychologie. München: Barth.

Wiedl, K. H. (1986). (Hrsg.). Rehabilitationspsychologie. Stuttgart-Berlin-Köln-Mainz: Kohlhammer.

Wilfing, H. (1995). (Hrsg.). Konturen der Sozialarbeit. Wien: WVV-Universitätsverlag.

Willi, J. (1989). Psychoökologische Aspekte der stützenden Psychotherapie. Vortrag Gastein/Tagung ÖGATAP.

Winnicott, D. W. (1969). Kind, Familie und Umwelt. München: Reinhardt.

Winnicott, D. W. (1971). Vom Spiel zur Kreativität. Stuttgart: Klett.

Winnicott, D. W. (1985). Übergangsobjekte und Übergangsphänome. In G. Bittner, E. Harms (Hrsg.). Erziehung in früher Kindheit (S. 227–261) München: Piper.

Witte, W. (1988). Einführung in die Rehabilitationspsychologie. Bearbeitet und herausgegeben von Rainer Brackhane. Bern-Stuttgart-Toronto: Huber.

Wurmser, L. (1987). Flucht vor dem Gewissen. Berlin-Heidelberg-New York: Springer.

Wurst, F. (1980). Heilpädagogik. In W. Spiel (Hrsg.). Die Psychologie des 20. Jahrhunderts. Bd. 12. Konsequenzen für die Pädagogik 2. Entwicklungsstörungen und therapeutische Modelle (S. 774–800). Zürich: Kindler.

Yalom, I. D. (1970, 1989). Theorie und Praxis der Gruppenpsychotherapie. München: Pfeiffer.

Autoren

DSA Markus Hochgerner
Psychotherapeut, Gesundheitspsychologe
Psychosomatisches Departement/Krankenhaus der
Barmherzigen Schwestern
Stumpergasse 13
A-1060 Wien
Hütteldorferstr. 173
A-1140 Wien

Univ.-Doz. Dr. Toni Reinelt
Univ.-Klinik für Neuropsychiatrie des Kindes- und Jugendalters
Währinger Gürtel 18–20
A-1090 Wien

Dr. Claudius Schnieder-Stein
Kriseninterventionszentrum
Spitalgasse 11
A-1090 Wien

Univ.-Prof. Dr. Gernot Sonneck
Vorstand des Instituts für Medizinische Psychologie
Severingasse 9
A-1090 Wien
Ludwig Boltzmann-Institut für Sozialpsychiatrie
(Krisenforschung)
Spitalgasse 11
A-1090 Wien

DDr. Wolfgang Till
Kriseninterventionszentrum
Spitalgasse 11
A-1090 Wien

Dr. Eva-Maria Uher
Univ.-Klinik für Physikalische Medizin und Rehabilitation
Währinger Gürtel 18–20
A-1090 Wien

PROPÄDEUTIKUM

Bibliothek Psychotherapie
HERAUSGEGEBEN VON GERNOT SONNECK

Band 1
C. AHLERS, A. BRANDL-NEBEHAY, W. DATLER, M. HEXEL, J. HINSCH,
R. HUTTERER, R. HUTTERER-KRISCH, H. PICKER, G. POHLER, L. REITER,
M. STEINLECHNER, T. STEPHENSON, G. STUMM, H. WAGNER

Einführung in die Psychotherapie
1996. 435 Seiten, broschiert, öS 598,– / DM 79,– / sFr 79,–
ISBN 3-85076-377-3

Es werden die Geschichte, Wurzeln, Paradigmen und Wirkweisen der Psychotherapie, der Persönlichkeitstheorie sowie der tiefenpsychologischen,
humanistischen, system- und kommunikationstheoretischen und lern-
theoretischen Schulen vorgestellt.

Band 2
G. BOGYI, V. GÜNTHER, M. HEXEL, H. SCHWEIGKOFLER

Psychologie für Psychotherapeuten
1995. 188 Seiten, broschiert, öS 298,– / DM 43,– / sFr 43,–
ISBN 3-85076-378-1

Dieser Band gibt einen Überblick über die Allgemeine Psychologie, die
Entwicklungspsychologie und die testpsychologische Diagnostik bei
Erwachsenen, Kindern und Jugendlichen.

Band 3
M. HOCHGERNER, A. REINELT, C. SCHNIEDER-STEIN, W. TILL, E.-M. UHER,

Anwendungen der Psychotherapie
1996. ca. 200 Seiten, broschiert, öS 298,– / DM 43,– / sFr 43,–
ISBN 3-85076-379-X

Band 4
E. ETZERSDORFER, P. FISCHER, M. H. FRIEDRICH, K. HOLUBAR, B. KÜFFERLE,
G. LENZ, O. SCHLAPPACK, G. SONNECK, K. STEINHARDT, H. R. TEUTSCH

Medizinische Grundlagen der Psychotherapie

1996. ca. 400 Seiten, broschiert, öS 548,– / DM 79,– / sFr 79,–
ISBN 3-85076-380-3
Erscheint im Mai 1996

Der Band gibt eine Einführung in die medizinische Terminologie, relevante
Inhalte der Psychiatrie und Psychopathologie einschließlich Gerontopsy-
chiatrie, Kinder- und Jugendpsychiatrie, Psychosomatik, Psychopharma-
kologie und Erste Hilfe.

Band 5
R. HUTTERER-KRISCH, J. KRIZ, E. PARFY, U. MARGREITER, W. SCHMETTERER,
G. SCHWENTNER

Psychotherapie als Wissenschaft – Fragen der Ethik

1996. 374 Seiten, broschiert, öS 489,– / DM 72,– / sFr 72,–
ISBN 3-85076-381-1

Es werden Grundfragen der Integration psychotherapeutischer Theorien,
der empirischen Sozialforschung, der Forschungs- und Wissenschafts-
methodik sowie Fragen der Ethik erörtert.

Band 6
M. HOMM, M. KIEREIN, R. POPP, A. WIMMER

Rahmenbedingungen der Psychotherapie

1996. ca. 200 Seiten, broschiert, ca. öS 300,– / DM 43,– / sFr 43,–
ISBN 3-85076-382-X
Erscheint im Juni 1996

Der Band enthält Beiträge zur Ausübung der Psychotherapie und zur psychosozialen Infrastruktur, zum Gesundheitswesen und zu den rechtlichen
Rahmenbedingungen.

Der Herausgeber

Gernot Sonneck, Psychiater und Psychotherapeut, ist Vorstand des Instituts
für Medizinische Psychologie der Universität Wien und Leiter des Ludwig
Boltzmann-Instituts für Sozialpsychiatrie.

Erhältlich im gut sortierten Fachhandel.

Facultas Universitätsverlag
A-1090 Wien, Berggasse 5,
Tel.: 0043/1/310 53 56; Fax: 0043/1/319 70 50

Krisenintervention und Suizidverhütung

3., verb. und erw. Auflage

Dieses Handbuch entstand aus der praktischen Notwendigkeit, Interessenten und Besuchern des Kriseninterventionszentrums einen kleinen Leitfaden der Krisenintervention und Suizidverhütung in die Hand zu geben. Es wurde Bedacht darauf genommen, daß ganz unterschiedliche Berufsgruppen mit Krisen und Kriseninterventionen befaßt sind: interessierte Laien, selbst Betroffene, Lehrer, Sozialarbeiter, Krankenschwestern, Studenten und Ärzte.

GERNOT SONNECK (HG.)
Krisenintervention und Suizidverhütung
Ein Leitfaden für den Umgang mit Menschen in Krisen

1995. Facultas Universitätsverlag,
3., verb. und erw. Auflage,
302 Seiten, brosch., div. Abb.
öS 348,– / DM 50,– / sFr 50,–
ISBN 3-85076-356-0